LA PERMACULTURE

en pas à pas

Dépôt légal : février 2018
ISBN : 978-2-8153-1163-2
N° d'éditeur : 46546

www.rustica.fr

LA PERMACULTURE

en pas à pas

Textes de Robert Elger
Illustrations de Michel Loppé

Rustica éditions

SOMMAIRE

Introduction

Cultiver ses légumes, ses plantes condimentaires et ses fruits de façon naturelle et sans martyriser son corps constitue l'essence même de la permaculture. Une façon de jardiner qui va au plus efficace et au plus gratifiant : pas de bêchage – de loin l'activité physique la plus rebutante au jardin –, un désherbage limité, des interventions de tailles régulières mais faibles, des apports en eau réduits. La permaculture, c'est un investissement minimum en argent, en temps et en énergie pour un résultat maximum !

L'autonomie règne en maître dans ces jardins, tant pour la production de l'indispensable matière organique (compostage et culture d'engrais verts) que pour la multiplication des jeunes replants, sans oublier les graines que, par souci de cohérence, un jardinier permacole s'efforcera de récupérer et de remettre en culture chaque fois que possible.

Jardiner en permaculture ne se limite pas à une répétition irréfléchie de gestes sans lien entre eux. Néanmoins, chaque activité, du montage de la couche chaude en fin d'hiver aux plantations automnales d'arbres fruitiers, représente une étape dans la conduite annuelle de son jardin. Les semis en place se succèdent tout au long de l'année, des premiers petits pois, carottes et radis du printemps aux ultimes épinards d'automne.

Et, une fois les activités de jardinage maîtrisées, pourquoi ne pas implanter une basse-cour et installer quelques ruches ? Tout cela est lié ! Les poules consommeront les excédents verts du jardin et offriront leurs fientes riches en azote ; les végétaux cultivés fourniront leur nectar aux abeilles qui, à leur tour assureront la pollinisation des fleurs, indispensable au développement des fruits. Sans oublier, en cadeau, des œufs et du miel !

Des jardins en permaculture

Dessine-moi un jardin

Un jardin en permaculture rassemble un potager et un espace dévolu aux fruits, verger ou haies fruitières mixtes. Une serre ou un petit tunnel, voire un simple châssis, permettra de produire ses jeunes replants de légumes, d'aromates ou de fleurs, et, en été, de cultiver des plantes, comme le melon, particulièrement exigeantes en chaleur. La basse-cour abrite des poules, éventuellement des canards. Deux ou plusieurs ruches domestiques sont installées en périphérie. Au-delà de quinze ares, le jardin se fait mini-ferme. Un petit espace dédié permet alors de cultiver des céréales, tant pour l'alimentation humaine que celle des animaux domestiques. Un terrain de très grande taille inclura des zones naturelles de diversification, mare, prairie fleurie et boqueteau.

UN JARDIN EN PERMACULTURE : POURQUOI FAIRE ?

Avant même de se soucier de la façon de concrétiser son projet, il convient de s'interroger sur sa finalité. Démarche introspective et très personnelle, cette interrogation est souvent portée par un projet de vie. C'est alors moins la question « Qu'est-ce que je souhaite comme jardin ? » qui prime que « Quelle est la vie que je souhaite vivre ? » Le jardin projeté se présente alors comme une réponse à des objectifs de vie qui en composent la véritable trame.

UN JARDIN EN PERMACULTURE : COMMENT FAIRE ?

Une fois les desseins clarifiés, le projet peut se matérialiser. Le plus facile – le plus efficace aussi – est d'établir un dessin de type « plan de jardin » d'autant plus élaboré que le terrain qui accueillera le jardin est grand. Ce plan – un simple croquis parfois – définira les grandes zones qui composeront votre futur jardin.

Dessein + dessin = Design

Le concept de *design* est très présent en permaculture. Il relève moins d'une activité de jardinage à proprement parlé que d'un travail de préparation et de réflexion établi sur des bases éthiques, introspectives, relationnelles et écologiques. Il constitue à la fois le substrat et l'infrastructure qui permettra à votre futur jardin de s'épanouir pleinement. Tout y est examiné, des motivations de départ aux objectifs à court, moyen ou long terme. Une observation fine permettra d'appréhender les particularités d'ordre climatique et pédologique et, plus généralement, tout ce qui compose les singularités du terrain sur lequel doit s'établir le jardin. Sont également pris en compte les paramètres économiques, comme les coûts générés par le projet ou la disponibilité nécessaire à la conduite du jardin. D'un point de vue formel, il se concrétise par un plan de jardin annoté, véritable feuille de route destinée à la mise en place du futur jardin.

OBSERVER ET AGIR

Les bonnes décisions naissent d'une observation minutieuse. Plusieurs semaines – plusieurs mois parfois – sont nécessaires pour appréhender les singularités que recèle le terrain destiné à devenir jardin. Quels sont les endroits qui se réchauffent en premier lieu au printemps ? Où la terre conserve-t-elle sa fraîcheur en été ? Existe-il des couloirs venteux ? Il faudra évidemment pointer les atouts que possède votre terrain afin de les optimiser lors de la mise en place du jardin. Mais les faiblesses, les manques et les imperfections observés sont au-moins aussi importants et, d'une certaine façon, ce sont eux les véritables tremplins du projet. Pour citer le mot de Bill Mollison, co-fondateur du concept de la permaculture[1], « le problème est la solution ».

MISE EN PLACE DES ZONES

La maison d'habitation compose le centre de gravité du projet. Autour de cette zone zéro, le jardin se déploie en plusieurs cercles concentriques. Le premier, qui enveloppe la maison, est le lieu de vie au quotidien qui regroupe toutes les activités qui nécessitent une présence suivie et régulière comme le jardin d'agrément, les aromates, les châssis ou la petite serre. Plus loin, le second cercle regroupe le potager et la basse-cour qui nécessitent une présence plus soutenue sans nécessairement être quotidienne. Une troisième zone rassemble les parties du jardin requérant une présence occasionnelle ou saisonnière comme le verger, les ruches, voire la petite parcelle cultivée en céréales. Une ou deux zones gardées sauvages et peu entretenues enserrent les très grands jardins, regroupant mare, boqueteau et prairie.

EFFET BORDURE

À la fois potager, verger, mini-ferme et lieu d'agrément, un jardin en permaculture est un espace composite. Il faudra néanmoins s'efforcer de relier harmonieusement les divers univers qui le composent, ne serait-ce que pour faciliter la circulation entre eux et les déplacements. Ces lieux de transition composent de petits espaces riches de possibilités. Ils sont mis à profit pour cultiver de petites quantités de végétaux délicats à implanter ailleurs du fait de leurs exigences particulières.

[1] David Holmgren est l'autre co-fondateur du concept de la permaculture.

Un jardin productif

Si un jardin permacole ne se contente pas d'être un jardin alimentaire, la production et la récolte des légumes, des plantes condimentaires et des fruits y est néanmoins essentielles. Jardiner en permaculture, c'est avant tout récolter, et récolter abondamment.

PRODUCTION-MAISON

La culture et la récolte de légumes, des plantes condimentaires et des fruits y prennent une place déterminante. Diversifier les mises en culture ne présente guère de difficulté puisqu'une cinquantaine d'espèces légumières et une trentaine de plantes condimentaires, ainsi qu'une dizaine de fruits à pépins ou à noyaux et une quinzaine d'espèces à petits fruits sont communément cultivés dans nos jardins. Un jardin en permaculture élargit par ailleurs volontiers ses productions alimentaires en adoptant des céréales ou en implantant une petite basse-cour, voire 2 ou 3 ruches domestiques.

DES LÉGUMES

Certains légumes, comme les tomates, les carottes ou les laitues sont très populaires et présents dans tous les potagers. D'autres, comme le cerfeuil tubéreux, le fenouil bulbeux ou la claytone de Cuba sont plus insolites. Si la durée de culture des radis ou des laitues à couper ne dépasse 2 mois, celle des poireaux ou du panais nécessite une année complète. Les asperges, elles, se maintiennent au potager une quinzaine d'année au moins. La partie consommée des légumes change selon l'espèce : feuilles, parties souterraines (racines ou tubercules), fruits, jeunes pousses et même les fleurs – ne serait-ce que pour l'artichaut. La plupart se cultivent entre le printemps et les premières gelées, mais quelques légumes que les froids n'incommodent pas se maintiennent à l'extérieur et se récoltent tout l'hiver. Cueillis en automne, les potirons, les potimarrons et les diverses courges musquées sont descendus en cave et s'y maintiennent jusqu'au printemps. Beaucoup de légumes-racines se récoltent avant les premiers froids et se conservent en cave ou en silo. Par ailleurs, d'autres moyens de conservation – congélation, stérilisation en bocaux – élargissent eux aussi les périodes de consommation.

À semer en place...

Les radis, les carottes de saison et de conservation, le panais, l'épinard, les laitues à couper et les mescluns, la mâche, tous les navets, les pourpiers d'été et d'hiver, ainsi que les fèves, les petits pois et les haricots se sèment directement en place au potager. Le temps entre le semis et la cueillette est en général assez court et l'absence de repiquage simplifie leur mise en culture.

... ou à planter

La plantation permet de raccourcir la période qui sépare la mise en place et la récolte tout en limitant les contraintes en culture. Optionnelle pour la betterave rouge, les laitues pommées ou les choux, elle est indispensable pour les légumes exotiques comme la tomate, l'aubergine et le poivron qui, semés directement en place, peineraient à mûrir leurs fruits sous nos latitudes. Selon le cas, la plantation se fait en mini-mottes (céleri-rave et céleri-branche, chicorées, choux, fenouil bulbeux et laitues) ou en jeunes plants élevés en pots (artichaut, aubergine, concombre et courges, courgette et pâtisson, melon, poivron et tomate). Pratiquée en mini-motte ou en potée, la plantation nécessite une multiplication anticipée sous abri (châssis, serre ou serre-tunnel) ou l'acquisition du jeune replant auprès du commerce horticole.

JARDIN D'AROMATES

Les plantes condimentaires rassemblent elles aussi des espèces très répandues comme l'aneth, le basilic, la ciboulette, la coriandre, l'origan et la marjolaine, le persil plat ou frisé, la sauge et le romarin, le thym et le serpolet, et d'autres plus surprenantes comme le raifort, la verveine citronnelle ou la citronnelle de Madagascar. Ce sont généralement les feuilles qui sont consommées, les racines parfois (raifort, persil tubéreux) ou les bulbes (ail, échalote et oignon). Selon le cas, elles sont semées en place ou repiquées.

Permaculture sous abri froid

Un simple abri couvert et transparent à la lumière suffit pour avancer les récoltes de quelques semaines au printemps et pour les retarder d'autant en automne. Il permet en outre la culture estivale de légumes très exigeants en chaleur comme le melon et, en hiver, assure la protection hivernale des légumes et condimentaires vivaces ou bisannuels fragiles au duo froid/humidité. Cette conduite parfaitement naturelle – aucune énergie fossile n'est requise – est tout à fait compatible avec les principes de la permaculture. D'autant que l'abri se révèle un outil indispensable pour produire soi-même son jeune replant au printemps.

DES FRUITS

Les fraises, les framboises, les groseilliers à grappe et à maquereau sont fréquemment cultivés en bordures de potager. La plupart se conduisent en forme libre, mais les kiwis, les mûres des jardins ou le raisin de table demandent une structure palissée. Cultivés en tige, les grands arbres fruitiers à pépins (pomme, poire et coing) ou à noyaux (cerise, abricot, pêche et diverses prunes) sont regroupés en verger ou en haies fruitières.

Zéro déchet !

Un jardin en permaculture ne laisse rien traîner derrière lui. Les reliquats générés par les cultures – feuilles, pousses, racines, récoltes non consommées – sont réinjectés dans le jardin via le compostage, en tas ou en surface. Ce recyclage systématisé permet très élégamment de transformer en ressources ce qui passait encore il y a peu de temps pour de simples déchets.

RÉCUPÉREZ...

Les parties consommables des plantes récoltées sont utilisées en cuisine, le reste – épluchures diverses, fanes, déchets de légumes et de fruits gâtés ou non récoltés – retourne au jardin. De même pour les peaux et les écorces des fruits non produits au jardin, comme les bananes, les citrons ou les oranges, mais aussi le marc de café et les restes infusés de thé. Divers déchets issus de la maison, comme les cendres de bois, les essuie-tout et les serviettes en papier ou le papier journal, sont eux aussi recyclés. De plus, l'entretien du jardin génère une grande masse de matériaux organiques : branches taillées, feuilles mortes de l'automne, herbes de tontes, fleurs fanées, mottes de plantes annuelles ou bisannuelles parvenues au terme de leur floraison et arrachées, etc. En cas de remaniement total du jardin – en faisant évoluer un gazon en potager par exemple –, vous pouvez récupérer les mottes de gazon et les entasser en tas mélangé de terre pour fabriquer un terreau de structure proche de celle du loam. De fait, toutes les récupérations cellulosiques ou ligneuses sont soigneusement collectées et réutilisées. En outre, certaines plantes comme l'ortie, les fougères, la consoude, le sureau, la tanaisie, l'achillée, la prêle, la camomille, le pissenlit ou la valériane sont réputées activantes et équilibrantes. Les déjections de poules issues de la basse-cour et les coquilles d'œufs retournent elles aussi au jardin. L'environnement proche et les voisins, en particulier en zone rurale, pourront mettre à votre disposition les matériaux organiques qui les encombrent, vieux foin inutilisé, pailles de plus d'un an, fumier non épandu ou divers broyats de végétaux issus de l'entretien des collectivités.

... ET RECYCLEZ

Le recyclage consiste à réinjecter ces déchets minéraux ou organiques dans le circuit cultural. Ceux à décomposition rapide, comme les épluchures ou les fanes de légumes, sont directement rapportés à la terre. Les autres nécessitent généralement un apprêt particulier avant réutilisation au jardin.

Compostage en tas...
Le compostage en tas consiste à réserver les matériaux organiques pour leur faire subir une première décomposition avant utilisation au jardin. Toutes les récupérations organiques sont entassées dans un endroit discret du jardin, plutôt à l'ombre. Si vous avez soin d'alterner les matériaux organiques riches en

carbone (paille, feuilles mortes, branches fines ou broyées) et ceux bien pourvus en azote (tontes, déchets de cuisine, fumier non pailleux), la décomposition sera plus homogène et plus rapide. De même, ajouter régulièrement quelques pelletées d'ancien compost permet d' «ensemencer » le nouveau tas et de hâter la décomposition. Plus le volume de matériaux organiques est important, meilleur sera le compost obtenu.
Idéalement, un tas de matériaux organiques compostés devrait être retourné 3 fois pendant le cycle de fermentation. Notez par ailleurs que le rendement en volume dans la fabrication du compost est de l'ordre de 1/3 (100 kg de matières vertes vous permettent de récupérer entre 30 et 35 kg de compost) ce qui est assez faible. La fabrication d'un compost jeune requiert 3 à 6 mois, celui d'un compost intermédiaire 6 à 9 mois et celui d'un compost mûr 9 à 12 mois ou plus.

Compostage en surface

Le compostage en surface permet une intégration progressive de la matière organique fraîche. Les divers matériaux organiques sont alors posés sur la terre – et non enfouis –, à charge pour la faune et la flore qu'abrite le sol de les « digérer ». Si le recours au compostage en surface est moins répandu que le compostage en tas, il doit cependant être préféré chaque fois que c'est possible. C'est la façon la plus naturelle de recycler ses déchets organiques, la moins contraignante, la plus économe et pas la moins efficace puisqu'elle permet de produire un humus de qualité en limitant les pertes de carbone.

... ou au moyen d'un composteur

Il n'y a guère de différence en matière de résultat entre le compost obtenu par compostage en tas et celui fabriqué à l'aide d'un composteur. Simplement, l'utilisation d'un composteur est plus élégante et, de ce fait, plus adapté aux petits jardins de ville. Selon le cas, fabriquez-le vous-même avec de vieilles palettes ou une structure grillagée (carré ou circulaire), ou mettez en place un composteur du commerce en bois ou en plastique recyclé. Pour des raisons pratiques, installez 2 ou 3 composteurs plutôt qu'un seul, chacun abritant un compost à un stade d'évolution différent.

Jardinez autonome

Jardiner en permaculture, c'est jardiner de façon autonome. On fait avec ce qu'on a ! D'autant qu'une autonomie bien pensée est toujours source d'économie. Si le recours extérieur doit être envisagé, il faudra privilégier les relations et les transactions de proximité.

UNE GRANDE ÉCONOMIE DE MOYENS

Dans tous les cas et partout où c'est possible, un jardin en permaculture privilégie les moyens du bord. C'est sur place qu'il faudra trouver les quantités d'eau nécessaires aux mises en culture et les matières végétales essentielles à son fonctionnement. La réutilisation des graines récupérées limite elle aussi les achats à l'extérieur et vous garantit en outre l'adoption de variétés adaptées.

RÉCUPÉRER SON EAU

Si les exigences en eau restent limitées par rapport à un jardin classique, il est difficile de s'en passer totalement, lors des mises en culture en particulier. En effet, semis et plantation requièrent des arrosages nombreux et suivis. Les quantités nécessaires varient selon le climat, la nature du sol et l'espèce cultivée. Elles changent également avec l'avancée de la végétation, les plantes nouvellement semées ou repiquées demandant un suivi en eau plus minutieux. La plupart des légumes-feuilles, par exemple, requièrent un arrosage régulier, du semis ou du repiquage à la récolte. Pour d'autres, comme les pois et les haricots, les pommes de terre et le maïs doux, la période sensible se situe au moment de la floraison et de la formation des jeunes fruits ou des tubercules.

Eaux de pluie

La récupération des eaux de pluies est possible partout. Ne vous en privez pas ! D'autant que ces eaux douces – elles ne contiennent jamais de calcaire – et très aérées constituent la meilleure des eaux d'arrosage. Comme les précipitations sont aléatoires, il est nécessaire de les stocker dans une ou plusieurs cuves dont les volumes sont proportionnels aux besoins. Selon l'année et la région, vous pouvez récupérer entre 500 et 1 000 L d'eau par m² de toiture.

Nappes phréatiques

La présence d'une nappe phréatique près de la surface permet de disposer à tout moment des quantités d'eau nécessaires. Jusqu'à 5 à 6 m, le pompage de l'eau issu de cette nappe est aisé, avec une pompe aspirante-refoulante classique, manuelle, électrique ou thermique. Au-delà, il faudra creuser un puit et utiliser une pompe immergée[2]. Récupérée en profondeur, cette eau est généralement froide et il est indispensable de la stocker un ou deux jours avant utilisation pour lui faire prendre la température ambiante.

Produire sa matière organique

La permaculture est grande consommatrice de matière organique. Dès qu'une parcelle se libère suffisamment longtemps, elle est occupée par des engrais verts adaptés à la saison. Selon le cas, ils se maintiennent en place quelques semaines – colza, moutarde jaune, navette, sarrasin, féverole et phacélie –, plusieurs mois – avoine et seigle –, voire plusieurs années – trèfle et luzerne. Leur croissance dense empêchera l'implantation des mauvaises herbes et leur système racinaire généralement dense et fasciculé aérera la terre, la préparant pour les mises en culture à venir.

Engrais vert d'automne et d'hiver

Les engrais verts d'automne (avoine, seigle, colza, moutarde jaune et navette) succèdent aux récoltes qui parviennent à terme avant la venue des premiers grands froids et se maintiennent en place tout l'hiver.

[2] Pensez à faire votre déclaration auprès de la mairie avant le début des travaux.

Engrais vert d'été

Les engrais verts d'été (phacélie et vesce commune) se sèment après les légumes récoltés à la fin de printemps et préparent le terrain pour les mises en culture d'août et septembre.

RÉCOLTER SES GRAINES

Cueillir ses propres graines et les remettre en culture est l'aboutissement logique de la production potagère. Même si quelques espèces, comme toutes les courges et les plantes de la famille des choux, demandent des précautions particulières pour éviter les risques d'interhybridation et conserver les caractéristiques variétales, beaucoup se récupèrent assez facilement. C'est en particulier vrai pour les espèces autogames – petits pois, haricots, tomate, poivron, aubergine – dont les fleurs s'autofécondent avant même de s'épanouir. Sur celles qui s'interhybrident – espèces allogames –, il suffira de laisser monter à fleurs une unique variété pour chaque espèce.

Toutes les graines ne se récupèrent pas

Les graines des variétés hybrides F1 – celles des tomates en particulier – ne peuvent pas se récupérer sur les pieds en production, car leur grande hétérogénéité génétique ne peut pas garantir la reproduction à l'identique de leurs caractéristiques. Par ailleurs, l'estragon d'Europe ne produit pas de graines viables et les variétés de sauge officinale et de thym ne se reproduisent pas fidèlement par la graine et demandent à être multipliées par bouturage.

Un calendrier des mises en culture optimisé

Jardiner en permaculture n'exige pas de grands efforts physiques. Les interventions y sont réduites et ciblées : pas de retournement de terre exténuant ni d'interminables séances de désherbage ! De fait, l'essentiel de l'activité se concentre dans un premier temps sur les travaux de mise en culture – semis et plantation –, plus tard sur les récoltes.

SEMEZ ET PLANTEZ AU MEILLEUR MOMENT

Intervenez aux bonnes époques. Quitte à remettre à plus tard les diverses interventions en cas de mauvaises conditions météorologiques ! Pas d'enthousiasme prématuré : un modeste rayon de soleil en mars ne fait pas le printemps. D'autant qu'il est toujours risqué d'anticiper les semis et plantations et assez facile de rattraper les petits retards pris lors des mises en culture.

Semis à la volée

Pour semer la mâche, les navets ou les épinards à la volée, écartez la litière et éparpillez les graines au hasard, sans trop les concentrer, après avoir ameubli la terre à la griffe. Griffez à nouveau afin d'enterrer les graines et repositionnez la litière d'origine sur une épaisseur ne dépassant pas 2 cm.

Semis en ligne

Pour semer vos carottes ou vos radis en ligne, écartez la litière et déposez régulièrement les graines au fond d'un sillon ouvert à la serfouette. Comblez les sillons et ramenez la litière sur les lignes de semis sans dépasser 2 cm d'épaisseur.

Semis en poquet

Pour semer vos fèves, petits pois ou haricots en poquet, écartez la litière et déposez 5 à 7 graines dans une petite excavation de 10 cm de diamètre et de 3 cm de profondeur. Comblez les poquets et recouvrez-les avec la litière d'origine, sans dépasser 5 cm d'épaisseur.

Plantation

Pour planter les plantes en pots (tomates, courgettes, aubergines ou poivrons) ou en mini-motte (laitues, choux, chicorées), écartez la couverture anciennement ou récemment mise en place et ouvrez un trou de plantation de la taille de la motte avec une pelle à transplanter. Posez la plante et enterrez la motte de terre avant de tasser énergiquement au collet. Repositionnez la litière écartée au préalable sur une épaisseur de 3 à 10 cm.

PREMIERS SEMIS ET PLANTATIONS

La saison des semis débute par celui des fèves, généralement dès fin février. Suivent ceux des panais et des carottes, des radis printaniers, de la roquette, des petits pois à grains ronds (dès mars), puis de ceux à grains ridées (avril). Les premières laitues pommées de printemps se plantent elles aussi en mars. Avril est le mois des mises en terre des pommes de terre, des betteraves rouges (qui peuvent également se semer) et des premiers choux – d'été d'abord (brocoli, chou-fleur d'été), puis d'automne et d'hiver (choux cabus vert et rouge, chou de Milan, de Bruxelles, chou-fleur d'automne). Exception faite des frileux basilics qui attendront la deuxième partie de juin, toutes les plantes condimentaires se plantent en avril.

Mises en culture estivale

Dès mai, après les derniers risques de gelées, les semis cèdent provisoirement la place aux plantations en motte.

Dans un premier temps plantez les tomates, les courgettes, les poivrons et les aubergines. Ensuite, occupez-vous des courges d'hiver comme le potiron, le potimarron ou le giraumon, puis des concombres et des melons. Les jeunes poireaux de la taille d'un crayon à papier se plantent en racines nues entre mai et juillet. L'arrivée des premières chaleurs, elle, autorise les premiers semis de haricots nains et grimpants. La plantation de laitues pommées se poursuit, avec des variétés d'été maintenant, alors que débute celle des premières chicorées scaroles et frisées.

Mise en culture automnale

Les récoltes estivales libèrent la place et les parcelles libérées permettent les semis des navets, de choux asiatiques, de mâches et d'épinards, ainsi que la plantation des laitues d'automne et des ultimes chicorées.

Produire son jeune replant

Un simple abri froid – c'est-à-dire non chauffé – permet de produire la quasi-totalité des jeunes replants de légumes. Semés en plaques de culture alvéolées en mars ou avril, ils seront mis en place au jardin en avril et en mai, directement en mini-motte ou en motte, après un rempotage temporaire de 2 ou 3 semaines. Les arbustes condimentaires et ceux à petits fruits se marcottent ou se bouturent. Les arbres fruitiers, eux, sont greffés en écusson en été.

Une couverture permanente

La présence permanente d'une litière organique est, visuellement, ce qui différencie de la façon la plus évidente le jardin en permaculture de celui conduit de façon plus traditionnelle. Jamais de terre à nu ! La présence de ces matériaux d'origine végétale, parfois animale (dans le cas des fumiers), permet d'améliorer progressivement et très naturellement son « fond », sans avoir à creuser, fouiller ou bêcher.

POURQUOI COUVRIR LE SOL ?

La présence d'un paillis (litière composée de paille ou de fumier très pailleux) ou, plus généralement, d'un mulch fait de compost, d'engrais verts (broyés ou non), d'herbes coupées ou de feuilles mortes présente de nombreux avantages. Véritable manteau protecteur, la couverture végétale met le sol à l'abri des agressions météorologiques : pluies battantes du printemps et de l'automne, sécheresses estivales et fortes gelées d'hiver. De plus, en réduisant les évaporations, elle conserve au sol son humidité et, de ce fait, limite les arrosages. Sa décomposition progressive enrichit la terre, fournissant, par la minéralisation de l'humus – état ultime de l'évolution de la matière organique –, les éléments minéraux nécessaires à la croissance des végétaux. Le paillis est également un véritable obstacle physique à la croissance des herbes indésirables, supprimant par là le désherbage. D'une manière générale, une litière épandue constitue un milieu très favorable à la faune utile qui trouve en été un abri contre la chaleur et la lumière et un lieu d'hivernage pour la mauvaise saison. En favorisant la prolifération des vers de terre et des micro-organismes fouisseurs, la matière organique garantit à la terre une souplesse qui supprime les grands travaux du sol avant la mise en culture.

QUAND COUVRIR LE SOL ?

La matière organique n'est pas seulement un élément constitutif du sol au même titre que l'argile, le limon, le sable et le calcaire. C'est un véritable outil de production entre les mains du jardinier. Épandez-la en couverture à la fin du printemps ou en automne.

Premier épandage

Au début du mois de juin, toute la surface du potager est occupée par les légumes semés ou plantés les mois précédents. Beaucoup sont en départ de croissance, laissant apparaître à leurs pieds, sinon la terre nue, du moins l'ancienne matière organique de l'automne maintenant partiellement décomposée (en pratique, le paillis de début d'été double la couverture épandue l'automne précédent, écartée et remise en place lors des semis et plantations printaniers). Une fois le rush printanier passé, les mises en culture diminuent. Le moment est venu d'épandre une couverture organique qui protégera le sol tout l'été. Ne tardez pas, car il est préférable d'éviter de l'étaler sur une terre déjà sèche qui aurait alors beaucoup de difficultés à se réhydrater. Utilisez pour cet épandage des matières organiques très fibreuses, comme les pailles ou les fumiers pailleux, les engrais verts âgés, les composts jeunes ou les tontes de gazon.

Ne paillez ni les jeunes semis ni les végétaux trop petits, qui apprécient néanmoins l'épandage d'un mulch composé de terreau fin ou de compost bien décomposé. Prévoyez pour les autres végétaux une couverture d'autant plus épaisse que la plante est volumineuse. Les légumes de la famille botanique des Solanacées (tomates, aubergines et poivrons) et celle des Cucurbitacées (courgettes, concombres et courges) acceptent des litières dont l'épaisseur dépasse 15 cm.

Épandage d'automne

Quand les récoltes des grands légumes-fruits de l'été sont parvenues à leur terme – octobre ou novembre –, procédez aux épandages d'automne. Utilisez de préférence des matières organiques à rapport carbone/azote élevé, comme les divers fumiers – compostés ou non –, les composts anciens, les divers broyats ou les engrais verts jeunes ou âgés. Étalez la couverture en surface après avoir aéré la terre à l'aérabêche pour faciliter son incorporation. N'économisez pas la matière organique ! Les apports organiques d'automne peuvent être très volumineux, les couvertures pouvant dépasser 20 cm d'épaisseur.

Comment ça marche...

Un sol couvert en permanence possède une population microbienne importante – jusqu'à 30 à 40 kg par are – dont l'action est permanente, du printemps au cœur de l'hiver. Entre 8 °C et 30 °C, son efficacité agronomique est maximale. Une première prolifération bactérienne permet alors une évolution rapide des matières organiques. Celles-ci libèrent les substances nutritives, pour certaines directement assimilées par les plantes, pour d'autres mises en réserve sous forme d'humus et progressivement mises à disposition des plantes par la microflore qui colonise la rhizosphère.

ET LES LIMACES ?

Une couverture organique ne favorise la pullulation des limaces que si elle est fraîche et mal décomposée (dans le cas d'herbes nouvellement coupées par exemple). Un mulch pailleux handicapera même les déplacements des mollusques. Une épaisse litière favorise par ailleurs les ennemis naturels des mollusques, comme les carabes et les staphylins. Ces derniers, de petits coléoptères auxiliaires particulièrement voraces de 2 cm de long, consomment quantité d'œufs et de jeunes limaces. Même en ce qui concerne les limaces, l'utilisation d'un paillis présente plus d'avantages que d'inconvénients.

Parasites et ravageurs : le reflexe prophylactique

Plutôt prévenir que guérir ! Traiter les problèmes phytosanitaires en amont – c'est-à-dire avant même l'apparition des premiers symptômes – est affaire de bon sens. Quand le parasite est présent, il est souvent trop tard pour réagir. Mêmes naturels, les traitements curatifs se révèlent décevants et généralement dangereux pour la dynamique du vivant.

INTERVENIR À LA BONNE ÉPOQUE

Quel que soit le travail à effectuer – semis, plantation, taille, pincements, arrosage, etc.–, intervenir au bon moment limite considérablement les problèmes en culture. Une levée capricieuse des petits pois, des carottes ou des radis est souvent induite par un semis trop précoce et beaucoup de déboires sanitaires sur tomates ou courgettes – avortement des jeunes fruits, prolifération précoce de ravageurs, virulence des problèmes cryptogamiques – proviennent d'un repiquage effectué trop tôt.

PRODUCTION MAISON DES JEUNES PLANTS À REPIQUER

Produire soi-même son jeune replant est intéressant d'un point de vue financier, mais pas seulement ! En évitant de vous les procurer à l'extérieur, vous limiterez l'importation des affections parasitaires ou des ravageurs. Une jeune tomate achetée peut incuber une maladie cryptogamique à l'insu de tous, et d'abord du producteur lui-même. Non visible, le parasite est pourtant présent et ne tardera pas à se manifester. En semant vos propres légumes, les risques d'introduire de nouveaux parasites dans votre jardin sont beaucoup plus limités. Certes, les graines peuvent véhiculer certains champignons comme le phoma de la mâche, la fusariose du concombre ou l'anthracnose des haricots. Cependant, la plupart des maladies qui affectent les légumes du potager, comme les divers mildious – celui de la tomate en particulier –, la rouille des Fabacées ou l'oïdium des Cucurbitacées, ne se transmettent pas par la graine.

CÉDER AUX EXIGENCES DE CHAQUE ESPÈCE

Les besoins en température, en eau ou en luminosité des plantes cultivées sont très variables et chaque espèce à ses exigences spécifiques. La meilleure façon d'éviter les problèmes en culture, c'est encore d'apporter à chacune ce qu'elle réclame : un sol humide ou sec, une exposition lumineuse ou non, un endroit chaud ou frais. Par ailleurs, le souci d'imiter la nature ne doit pas être poussé trop loin. L'absence de taille ou de pincement, parfois préconisés sur les tomates concentre l'humidité sur les feuilles et, en empêchant l'air de circuler, favorise les maladies cryptogamiques.

ARROSER DANS LES RÈGLES DE L'ART

Si l'eau est indispensable aux plantes, un arrosage maladroit entraine bien des déboires – développement des maladies cryptogamiques, pullulation de limaces ou exacerbations des dégâts d'altises sur les Brassicacées. Bien arroser, c'est apporter la quantité d'eau qu'il faut – ni trop ni trop peu –, toujours au pied de la plante et jamais sur les feuilles. Au printemps et en automne, arrosez plutôt le matin ; en été, intervenez plutôt le soir. Dans tous les cas, évitez les arrosages en pleine journée.

FAIRE TOURNER

Si les rotations permettent d'optimiser l'alimentation minérale des plantes et d'améliorer la structure du sol, elles minimisent également les attaques d'insectes et de champignons. Le principe, c'est de faire tourner les espèces selon le cas et selon la place disponible sur 3, 4, 5 ans ou plus. Néanmoins, une rotation très formelle dans un potager où sont cultivés un grand nombre de légumes différents est assez délicate à mettre en place. Quelques règles simples suffisent alors pour vous mettre à l'abri de la majorité des risques phytosanitaires. Évitez de faire se succéder ou cohabiter sur la même parcelle deux légumes-racines, deux légumes-fruits ou deux légumes-feuilles. De même, prohibez l'association de deux espèces appartenant à la même famille botanique, comme la tomate et le poivron, la courgette et le concombre ou les divers choux et le navet.

DES VARIÉTÉS TOLÉRANTES ET RÉSISTANTES

La sensibilité aux parasites des divers cultivars est très variable. Dans ces potagers-vergers qu'aucun traitement ne vient perturber, le critère de résistance ne doit pas être négligé. Optez pour des pêchers résistants à la cloque, des concombres et des courgettes résistants à l'oïdium, des tomates et des pommes de terre tolérantes au mildiou, des haricots résistants à l'anthracnose et des laitues peu affectées par les divers brémias.

Variétés sensibles, résistantes ou tolérantes

Une variété sensible n'a pas la capacité naturelle de limiter le développement d'une maladie déterminée : si le parasite est présent, elle est systématiquement attaquée.
Une variété résistante restreint spontanément l'installation et le développement du parasite. Selon le cas, cette résistance est totale – la plante n'est jamais attaquée – ou partielle – on parle alors de variétés « tolérantes » –, quelques symptômes de la maladie pouvant apparaître dans des conditions particulièrement favorables.

Diversifiez...

Pour y trouver leur place, les végétaux cultivés au jardin sont souvent obligés de jouer des coudes, mais cette concurrence n'est virulente que dans un contexte de « crise ». Au jardin comme partout, le bon équilibre est le maître-mot.

UNE BIODIVERSITÉ GAGE DE STABILITÉ

La stabilité du jardin est largement corrélée à la diversité des plantes qu'il abrite. De fait, plus la diversification qui y règne est grande – type de plantes, espèces et variétés –, plus votre jardin trouvera facilement une assise solide et durable.

LA FORÊT EST L'EXEMPLE À SUIVRE

Sous nos latitudes et partout dans le monde, la forêt se présente comme un écosystème très stable. Elle se compose d'une strate arbustive – arbres et arbustes – qui en constitue la partie pérenne. Celle-ci abandonne ses feuilles en automne, feuilles qui alimentent la litière qui recouvre le sol, litière qui à son tour nourrit par sa décomposition les végétaux qu'elle porte, et ainsi de suite, *ad infinitum*. Des herbacées trouvent place dans le sous-bois et participent à leur tour à la stabilisation du système forestier. Chaque saison marque l'éternel retour de ce cycle de naissance, de mort et de renaissance.

Forêt fruitière

Dans une forêt fruitière les essences sauvages – charme, chêne, hêtre, etc. – cèdent la place à des espèces fruitières habituellement cultivées au verger. Elle rassemble dans un ensemble moins formel que le verger traditionnel des arbres à haut jet – pommier, poirier, prunier, cerisier –, des espèces de vigueur moyenne – pêcher, figuier, abricotier, cognassier, néflier – qui en composent la strate intermédiaire et des arbustes à relatif petit développement – groseilliers à grappe et à maquereau, cassissier, framboisier, amélanchier, myrtille arbustive, mûre des jardins –, voire, en sous-bois, des arbustes nains – fraisiers, canneberge, myrtille.

Potager-verger

Le potager-verger mélange un grand nombre d'espèces d'arbres et d'arbustes fruitiers, mais aussi des légumes et des plantes condimentaires. Dans cette cohabitation de fait, des espèces pérennes (arbres, arbustes, plantes vivaces) côtoient des végétaux éphémères, annuels ou bisannuels, régulièrement remis en culture. Comme la forêt fruitière, il s'établit en strates étagées, la plus haute atteignant 10 m, la plus basse ne dépassant pas 30 cm.

DIVERSIFICATION POTAGÈRE

Une cinquantaine de légumes sont très couramment cultivés dans nos jardins. Des tomates aux laitues et des divers choux aux haricots, il est inutile de s'y attarder : tout le monde les connaît. Mais de larges débordements sont possibles avec des légumes plus singuliers – sans être des raretés –, comme les physalis, le cerfeuil tubéreux, la claytone de Cuba ou les choux asiatiques. D'autres, plus insolites, comme la chayotte, la moutarde de Chine ou les tomatillos, s'invitent plus occasionnellement encore. En tout, près de 150 légumes différents sont plus ou moins facilement cultivables dans les potagers de nos régions.

Diversité botanique

Les familles botaniques regroupent divers genres qui eux-mêmes se divisent en plusieurs espèces. Chaque espèce rassemble de nombreuses – et parfois très nombreuses – variétés. Selon le cas, ces dernières sont largement ou très localement cultivées. Certaines variétés sont très anciennes, parfois centenaires, voire pluri-centenaires. De façon pragmatique, l'adoption d'une variété se fait à partir de critères de résultats. Celles qui vous satisfont sont reconduites en culture, les autres, remplacées.

DES FLEURS UTILES

La diversité florale est encore plus impressionnante. Elle réunit des centaines d'espèces, annuelles, bisannuelles ou vivaces – sans même parler des divers arbres et arbustes à fleurs. Dans un jardin en permaculture, les fleurs « utiles » sont les plus appréciées. Celles dont l'utilité est directe – de nombreuses fleurs se consomment –, mais aussi celles qui participent à la dynamique biologique du jardin en attirant les insectes pollinisateurs comme les abeilles et les bourdons.

Lieu de vie pour auxiliaires

Les auxiliaires des cultures regroupent tous les organismes vivants aidant au contrôle des parasites en culture. Les plantes florales sont des lieux de vie privilégiés pour de nombreux insectes utiles auxquels elles procurent de la nourriture à tous les stades de leur vie et un lieu propice à la reproduction et l'hivernation, un endroit où se cacher de leurs prédateurs et se protéger de la chaleur excessive en été et du froid en hiver. De nombreuses plantes aromatiques présentent un effet de protection et d'effarouchement à l'égard des ravageurs.

Prendre les bonnes décisions dès le départ

Dans la majorité des cas, un geste unique – l'épandage de matière organique en couverture – résout à lui seul les questions de la fertilisation, du désherbage et du travail du sol, voire, du moins partiellement, celui de l'arrosage. Seules certaines situations extrêmes, essentiellement induites par une mauvaise qualité du sol, nécessitent l'adoption de façons de faire particulières destinées elles aussi, dans un second temps, à vous faciliter les choses.

SIMPLIFIEZ-VOUS LA VIE

L'énergie physique, les séniors le savent, n'est renouvelable que jusqu'à un certain point. Ne vous donnez pas le bâton pour vous faire battre et, dès le départ, ne mettez en culture que les surfaces nécessaires, quitte à les élargir dans un second temps en fonction de votre disponibilité et de vos besoins. Ne cherchez pas à tout maîtriser. Gérez votre emploi du temps au mieux et limitez vos interventions à l'indispensable.
Le mot d'ordre de Gilles Clément – Faire le maximum avec, et le minimum contre – s'applique parfaitement à la permaculture. Ce qui n'est guère surprenant car, par bien des points, les jardins en permaculture évoquent les « jardins en mouvement » du paysagiste.

DES RÉPONSES ADAPTÉES

La culture d'une terre ingrate requiert une énergie disproportionnée par rapport aux premiers résultats obtenus. Un sol lourd ou compact, trop humide ou, au contraire, trop sec, une terre caillouteuse, très calcaire (ph supérieur à 8) ou trop acide (ph inférieur à 6) nécessitent quelques aménagements lors de la mise en place du jardin. Dans tous les cas, les efforts consentis au départ devront améliorer les récoltes à l'arrivée et surtout faciliter le suivi en culture.

Un parterre surélevé

Un parterre surélevé est un simple espace rectangulaire circonscrit par un encadrement en planches. Rapidement mis en place, il se maintient pendant 6 à 8 ans. L'idéal est de l'implanter en automne pour une mise en culture au printemps. Par la suite, comme dans la conduite d'un jardin en permaculture classique, les nouveaux épandages de matières organiques de la fin du printemps et surtout ceux de l'automne compenseront l'important tassement de surface.

Culture en buttes

Très populaires en permaculture, les cultures en buttes ne sont cependant pas une solution miracle et ne doivent être établies qu'en dernier recours, là où les autres façons de faire mettraient trop longtemps à porter leurs fruits. Larges de 1,20 m et hautes de 50 cm ou plus,

elles sont établies sur sol décompacté et sont composées de matières organiques à divers stades de décomposition. Les mises en culture suivent immédiatement leur implantation.

Spirale aromatique et serpent à épices

Une spirale de condimentaires est établie à partir d'une structure en pierres non scellée montée en colimaçon alors qu'un serpent à épice se déploie en butte sinueuse de 1 m de large. La première s'élève à 60 ou 80 cm dans sa partie la plus élevée alors que le second ne dépasse généralement pas 50 cm. La forme en relief permet de bénéficier de micro-expositions variables, soleil ou ombre et fraicheur du sol ou sécheresse. Réservez les expositions humides à la ciboulette, à l'ail des ours et au cerfeuil commun, les situations chaudes et sèches aux divers thyms et à l'origan.

Des lasagnes au dîner

Réponse élégante et rapide à des conditions de culture difficiles, la culture en lasagnes doit sa curieuse appellation à l'accumulation en couches successives de diverses matières organiques plus ou moins évoluées. Elles sont particulièrement bien adaptées à la culture des légumes-fruits de la famille botanique des Solanacées et des Cucurbitacées.

Couche chaude

Le fumier de cheval frais est – contrairement au fumier de bovins – un fumier « chaud » qui, en se décomposant émet pendant quelques jours une forte chaleur – jusqu'à 85 °C – puis pendant plusieurs semaines une chaleur plus douce qui se stabilise aux environs de 20°C. Implantée en fin d'hiver, elle facilite la multiplication des jeunes replants et permet la production de légumes primeurs. Sa mise en œuvre ne cause pas de grande difficulté... pour peu que vous trouviez près de chez vous les volumes suffisants de fumier de cheval frais !

Les pas à pas

Dans un jardin en permaculture, chaque activité se divise en une suite logique qui conduit naturellement et progressivement de sa prise en charge à sa menée à terme (le plus souvent la récolte). De la conduite d'une couche chaude en fin d'hiver à la plantation des arbres fruitiers en automne, vous trouverez au fil des pages qui suivent les façons de faire généralement associées à cette façon de jardiner.

MONTER UNE COUCHE CHAUDE

Installez votre couche chaude par temps ensoleillé sur sol dégelé de préférence. Une couche chaude nécessite de forts volumes de fumier frais de cheval. Ne lésinez pas sur la quantité, car l'émission de chaleur est d'autant plus vive que le volume de départ est important.

1 —

Une couche sourde est une couche chaude enterrée à 50 cm de profondeur au moins. Creusez à très bonne exposition une fosse de 40 cm plus longue et plus large que le châssis destiné à la coiffer. Comblez-la avec un mélange pailleux de fumier frais, éventuellement mélangé à environ 1/5 de feuilles mortes de l'automne ou de compost semi-décomposé. Tassez en la piétinant. Si la couche fume beaucoup les 2 ou 3 jours qui suivent sa mise en place, arrosez à plusieurs reprises.

2 —

Recouvrez le fumier de cheval tassé avec un terreau du commerce ou un mélange de fine terre du jardin et de compost ancien bien décomposé. Dans ce dernier cas, étalez-le tout de suite afin que la brusque montée en température « pasteurise » le mélange et détruise les graines de mauvaises herbes qu'il contient. Une fois montée, la partie supérieure de la couche chaude devra se trouver au moins au niveau du sol, voire former une butte jusqu'à 30 cm de haut.

3 —

Coiffez la fosse avec un coffre en inclinant légèrement au sud le châssis qui le recouvre. Dans les 3 jours qui suivent apparaît un violent dégagement de chaleur – le « coup de feu » – qui peut monter jusqu'à 85 °C et qui dure 4 ou 5 jours. Attendez que la température du substrat se stabilise à 20-25 °C (la température est traditionnellement mesurée avec un thermomètre de couche). Vous pouvez alors débuter les semis. Par temps froid, couvrez le châssis avec un paillasson.

REMISE EN CULTURE D'UN SOL OCCUPÉ PAR UN ENGRAIS VERT

Les engrais verts sont une source importante d'humus. S'il est préférable de les faucher à un état avancé – leur rapport carbone/azote est meilleur –, intervenez toujours avant le début de la formation des graines pour éviter des levées indésirables par la suite.

1 —

Fauchez l'engrais vert à la faux ou à la faucille. En utilisant une débroussailleuse à fil, une tondeuse débroussailleuse ou une tondeuse simple réglée en position haute, votre engrais vert sera à la fois fauché et broyé. Jetez sur le tas de compost la matière végétale récupérée ou réservez-la afin de l'épandre en couverture après mise en place des nouvelles cultures. Quoi qu'il en soit, n'enfouissez jamais la matière organique fraîche dans le sol.

2 —

Utilisez l'aérabêche afin d'extirper les racines qui, elles aussi, rejoindront le tas de compost ou seront réutilisées en couverture. Si le sol n'est pas immédiatement mis en culture, maintenez en place les végétaux fauchés et broyés, en veillant à ce qu'ils soient complètement desséchés au moment de l'installation des cultures. Dans la pratique, le temps requit pour la décomposition est souvent très long et retarde d'autant les mises en culture projetées.

3 —

Les racines ayant suffisamment fragmentées et émiettées le sol, il est inutile de l'aérer à l'aérabêche. Contentez-vous de niveler sa surface à la griffe afin de faciliter les semis et plantations des premiers légumes printaniers. Fauchés et broyés, les engrais verts précédemment réservés seront épandus en litière après remise en culture et poursuivront ainsi leur décomposition. Même sec, l'engrais vert broyé ne doit pas être incorporé au sol mais maintenu en surface.

FÉVRIER

AÉRER LE SOL À L'AÉRABÈCHE

L'aérabêche est un outil à dents qui aère le sol sans le retourner, facilitant ainsi l'incorporation naturelle de la matière organique déposée en surface. Son utilisation est simple et, en sollicitant les muscles des bras et des cuisses, épargnera votre dos.

1 —

Selon les modèles, l'aérabêche est muni de 3, 4 ou 5 dents biseautées à leur extrémité et incurvées sur leur longueur. Tous s'utilisent de la même façon. Appuyez le pied sur la barre métallique transversale en maintenant l'outil à la verticale. Les dents s'enfoncent dans le sol avec la facilité d'une fourche-bêche et même plus facilement encore. Les modèles à 3 dents travaillent sur une largeur de 30 cm environ, ceux à 5 dents sur 50 cm et plus.

2 —

Abaissez les 2 mancherons à l'aide des bras pour soulever la terre et ouvrir de larges poches d'air. Cette aération grossière permet au froid et à l'humidité de s'immiscer dans le sol pour achever l'émiettement physique de la terre en surface. En facilitant le déplacement vertical des vers de terre, le travail à l'aérabêche participe à l'incorporation naturelle de la matière organique déposée en surface.

3 —

Retirez l'outil en lui appliquant un rapide mouvement latéral pour disloquer les amas motteux. Enfoncez à nouveau l'outil à la verticale en arrière du précédant enfoncement. Plus la terre est compactée, moins l'écartement sera important. Ménagez une distance de 10 cm dans les sols lourds et argileux, 20 cm dans une terre de consistance moyenne et jusqu'à 30 cm dans un sol léger et sableux. Renouvelez l'opération jusqu'au terme de la parcelle.

BOUTURER LE GROSEILLIER SOUS LITIÈRE

Les boutures ligneuses sont prélevées après la chute des feuilles et jusqu'en février. Ce sont essentiellement les groseilliers à grappes et les cassissiers qui sont concernés par ce type de boutures, mais aussi de nombreux arbustes à fleurs comme le forsythia, le deutzia et le seringat.

1 —

Les groseilliers à grappe et les cassissiers s'implantent en isolé ou en petite haie. Pour une plantation en isolé, aérez le sol à l'aérabêche sur un carré de 40 cm de côté. Sinon, travaillez la terre sur toute la longueur de la future haie. Si l'aération est trop grossière – sur terre humide et argileuse par exemple –, ajoutez quelques pelletées de sable et affinez le sol à la gr ffe afin de supprimer les trous d'air, néfastes à l'enracinement des boutures.

2 —

Posez un paillis léger en le tassant délicatement au besoin, sans piétiner le sol. La couverture devra être suffisamment dense pour éviter une apparition inconsidérée de mauvaises herbes et conserver la fraîcheur du sol en limitant efficacement les évaporations. Elle devra néanmoins être assez souple et aérée pour que vous puissiez enfoncer au travers des boutures en bois sec de la longueur et du diamètre d'un crayon à papier.

3 —

Piquez les boutures ligneuses par deux, directement en place. Enfoncez-les en terre dans le bon sens (les yeux qui s'échelonnent sur les rameaux doivent regarder vers le haut), en ne les laissant dépasser de terre que de 3 à 5 cm. Pour implanter une haie, écartez les deux boutures piquées dans le sol de 1 m.
Le départ de végétation se fait à partir de mai et la jeune pousse atteint une trentaine de centimètres – parfois plus pour le cassissier – en automne.

RÉCUPÉRER ET STOCKER L'EAU D'ARROSAGE

Les giboulées et averses de printemps vous permettront de disposer de l'eau nécessaire à vos premiers semis si vous installez votre système de récupération dès la fin de l'hiver. Si les procédures de pose peuvent varier suivant le modèle choisi, la plupart ne nécessitent pas le démontage de la gouttière.

1 —

Les récupérateurs d'eau s'adaptent à toutes les descentes de gouttière de 80 ou 100 cm de diamètre, en PVC ou en zinc. Percez un avant-trou dans la gouttière avec une mèche de 8 mm pour servir de guide à une scie-cloche de 42 à 44 mm de diamètre. Pour rendre efficient le système de trop plein, cette découpe devra se trouver à la hauteur maximale du futur niveau d'eau de votre cuve. Fixez le collier du système de récupération sur la gouttière à l'aide de deux vis autotaraudeuses.

2 —

Pour vos cuves de collecte, préférez les petites contenances (jusqu'à 500 L). Installez la cuve principale à sa place définitive. Fixez la vanne de collecte sur la descente de la gouttière et raccordez-la sur la cuve par le biais d'un court tuyau et d'un embout de raccorcement. Veillez à ce que le tuyau soit parfaitement horizontal. Pour vous faciliter les choses, utilisez des raccords rapides à clipser, pour les monter et les démonter à volonté.

3 —

Si vos capacités de captation sont importantes – cas d'une grande toiture – et si vos besoins sont à l'avenant, connectez 2 ou 3 cuves en série. Dans ce cas, raccordez les divers fûts en posant un court tuyau de collecte dans leur partie supérieure afin que l'eau passe du premier fût plein au second, puis au troisième. Selon la pluviométrie de votre région, un mètre carré de toiture permet de récupérer entre 500 et 1 000 L d'eau.

MARS

ÉTABLIR UNE BUTTE POTAGÈRE

L'implantation d'une butte est une solution adaptée aux mises en culture rapides de sols à faible potentiel agronomique. Elle nécessite un remaniement complet du sol et de lourds travaux de terrassement. Établie une fois pour toute, elle requiert néanmoins un entretien suivi.

1 —

Marquez au cordeau l'emplacement de la future butte et décapez à la bêche l'herbe qui le recouvre. La butte montée ne devra pas dépasser 1,20 m de large afin de faciliter sa mise en culture. S'il se trouve plusieurs buttes voisines dans le même jardin, délimitez des allées de 50 cm au moins. L'ensemble peut alors être disposé en une suite de buttes parallèles ou disposées de façon plus fantaisiste, en U, labyrinthe ou vagues sinueuses successives.

2 —

Décompactez le sol et émiettez-le grossièrement avec une aérabêche. Entassez dans le sens de la longueur divers branchages, du compost grossier ou du broyat. Décaissez les allées et déposez la terre excavée sur les matériaux organiques déjà étalés. Éliminez au besoin les grosses pierres. Façonnez la butte pour lui donner le profil voulu et nappez-la d'une ultime couche de compost mûr ou de terre amendée. Une fois montée, votre butte devra s'élever en son centre à au moins 50 cm.

3 —

Les mises en culture peuvent commencer dès l'implantation de la butte. Semez ou plantez en échelonnant les plantes de bas en haut, sans travailler le sol. Comme la butte à tendance à s'affaisser avec le temps, rajoutez régulièrement de nouvelles matières organiques et refaçonnez-la pour limiter l'érosion et le ruissellement. Pour limiter son affaissement, complétez la butte par un entourage de rondins ou de planches d'une vingtaine de centimètres de haut.

PLANTER DES AILS SUR BILLON

Chaque bulbe d'ail se compose d'une dizaine de caïeux qui, replantés, développent une nouvelle tête d'ail. Comme les oignons et les échalotes, ils sont sensibles aux froids humides. En terre lourde, préférez la culture de printemps.

1 —

Implantez les ails en plein soleil, dans un sol bien drainé et se ressuyant rapidement après une pluie. Ils préfèrent de beaucoup les terres anciennement fertilisées et apprécient peu les fumures fraîches. Sur sol glaiseux et froid en hiver, repiquez-les superficiellement sur billons. Établissez à la houe une petite butte d'une vingtaine de centimètres de haut – le billon – après avoir écarté avec une griffe la couverture organique déposée en automne.

2 —

En fin d'hiver et au printemps, optez pour l'ail blanc et l'ail rose (les ails violets sont des ails d'automne). Éclatez à la main la gousse en séparant les caïeux. Ne conservez que ceux de la périphérie et débarrassez-les des tuniques desséchées qui les recouvrent. Piquez les caïeux sur le haut du billon tous les 10 à 15 cm, en les enterrant peu profondément (4 cm en sol ordinaire, 2 à 3 cm en terre lourde).

3 —

Étalez sur les billons une couverture organique légère et aérée, sans la tasser. Évitez le compost ou le fumier composté qui se gorgent d'eau à la moindre pluie et sensibilisent les ails à de nombreux parasites, comme la mouche des Alliacées, l'helminthosporiose (ou suie de l'ail), la pourriture blanche et la rouille. L'arrosage – exceptionnel – se limite aux périodes prolongées de sécheresse.

MONTER DES LASAGNES

L'établissement des lasagnes requiert au départ de grandes quantités de matières organiques brutes et de composts. Elles permettent la mise en culture immédiate de tous les légumes qui se satisfont d'une matière organique faiblement évoluée.

1

Fauchez ou tondez grossièrement toute la parcelle destinée à être recouverte par les lasagnes et aérez-la grossièrement à l'aérabêche. Déposez sur le sol une ou plusieurs couches de cartons débarrassés des adhésifs qui garnissent leurs rabats. Veillez à faire se chevaucher les bords et débordez largement la surface de culture afin d'éviter que ses abords ne soient trop rapidement envahis par les mauvaises herbes.

2

Rassemblez toutes les matières organiques dont vous disposez ou que vous pouvez vous procurer à l'extérieur. Épandez-les en couches successives, en commençant par les plus grossières : branchages pas ou peu broyés, pailles non décomposées, broyats grossiers, fumiers frais et composts domestiques peu évolués. Piétinez vos lasagnes au fur et à mesure de leur montage afin de les compresser et éviter de trop grands vides d'air.

3

Arrosez jusqu'à refus et recouvrez l'ensemble d'au moins 15cm de compost bien décomposé ou de terre amendée (terre de jardin mélangée de compost). Parvenu à ce stade, vos lasagnes devront atteindre une hauteur minimale de 60 cm car elles vont énormément se tasser dans les semaines qui suivent leur mise en place. Laissez-les se reposer ou mettez-les immédiatement en culture. Les nouvelles lasagnes sont montées chaque année par-dessus les anciennes.

MARS

CHOISIR SA MÉTHODE DE COMPOSTAGE

Un compost évolue de façon positive à la chaleur mais préfère une exposition plutôt ombragée. Si son évolution nécessite une certaine humidité, il en redoute rapidement les excès. Pour éviter des allés et retours fastidieux, installez-le à proximité de la maison.

1 —

Le compostage peut s'effectuer dans n'importe quel type de récipient. Un simple contenant métallique muni d'orifices d'aération – qui, en cas d'humidité importante, permettront l'évacuation des excédents d'eau – suffit pour un modeste compostage domestique destiné à recycler les déchets de cuisine.
Un petit composteur peut en outre assez facilement se transformer en lombricomposteur dans lequel l'ajout de vers de terre permet d'accélérer l'évolution des déchets organiques compostés.

2 —

Si le volume des matériaux organiques à composter est important, entassez-les dans un endroit discret du jardin. Déposez au fur et à mesure les déchets domestiques à composter ou alterner les couches riches en carbone (paille, feuilles mortes, branches) et en azote (tontes, fumier non pailleux, compost grossier ancien). Pour homogénéiser sa décomposition, retournez le compost 2 à 3 fois dans l'année.

3 —

L'évolution de la matière organique dans un composteur est semblable à celle d'un compostage en tas, la discrétion en plus. Les plus volumineux ne dépassent pas 1 m^3 et permettent de recycler élégamment toutes les matières organiques fournies par un petit jardin de ville. Il est généralement pratique de disposer de 2, voire de 3 composteurs – les premiers destinés à contenir les composts en cours d'élaboration, le dernier, le compost mûr et prêt à l'emploi.

MARS

SEMER LES LAITUES EN BARQUETTE

Légume salade universel, la laitue se cultive presque toute l'année. En échelonnant régulièrement les semis entre février et octobre, vos récoltes se poursuivront de façon ininterrompue. Entre mai et août, utilisez des variétés d'été lentes à monter à graines.

1 —

Récupérez une barquette horticole débarrassée de ses godets et tapissez-la de papier journal. Remplissez-la avec un terreau horticole humifère et léger. Nivelez et tassez légèrement la surface avec la paume de la main ou avec une planchette. Déposez les graines par trois ou à la volée, mais sans trop les serrer. Recouvrez-les d'une fine pellicule de terreau et tassez à nouveau. Arrosez en pluie fine et maintenez la barquette à la lumière et à une température de 20 °C environ.

2 —

À la levée, éclaircissez les laitues en ne conservant que les plantules les plus vigoureuses. Arrosez sans excès. Si votre semis est trop dense, éclaircissez progressivement. Maintenez les jeunes plants à la lumière et en situation tempérée (entre 15 et 18 °C), mais évitez les ambiances trop sèches. Les jeunes plantules éclaircies peuvent être à leur tour repiquées dans des petits godets maintenus à l'abri avant leur plantation définitive.

3 —

Vos jeunes laitues sont prêtes à être plantées au jardin à 3 ou 5 feuilles. Ne tardez pas trop, un repiquage tardif les prédisposant à une montée en graines prématurée. Prélevez-les délicatement en conservant au pied une petite motte de terreau. En remplaçant la barquette horticole par une plaque de culture alvéolée – qui peut elle aussi être de récupération – vous faciliterez le prélèvement de la mini-motte et sa reprise qui, en outre, sera plus rapide et avancera la récolte de quelques jours.

MARS

SEMER LES TOMATES EN PLAQUES DE CULTURE

Très utilisés par les professionnels de l'horticulture, le semis en plaque de culture est à la fois simple à réaliser et facile à réussir. Une fois levées, les jeunes plants développent un système racinaire dense qui permet de les repiquer sans déranger les racines.

1 —

Remplissez une plaque de culture à alvéoles de 13 ou de 20 mm de large avec du terreau humifère et léger. Tapotez la plaque de culture contre le plan de travail afin de tasser le terreau de façon homogène. Nivelez la surface avec un petit tasseau de bois en éliminant l'excédent de terreau. Tapotez à nouveau la plaque de culture contre le plan de travail. Prête à être ensemencée, la surface du terreau doit se trouver 2 ou 3 mm plus bas que le rebord de l'alvéole.

2 —

Piquez un trou de 1 ou 2 cm de profondeur avec un crayon papier et déposez une graine dans chaque micro-puits. Recouvrez-les de 2 mm de terreau et tassez chaque alvéole avec le doigt. Étiquetez soigneusement toutes les variétés car, par la suite, leur détermination à l'état de jeunes plants est impossible. Placez la plaque ce culture à la lumière et en ambiance tempérée – 16 à 20 °C, voire 25 °C – en serre ou véranda.

3 —

Arrosez sans excès. Rempotez les jeunes plants dans des pots de 13 cm de diamètre à l'apparition des premières vraies feuilles. Maintenez-les à l'abri, à 20 °C le jour et pas moins de 12 °C la nuit. Pour sortir les mini-mottes des alvéoles, ne tirez pas sur la plantule mais appuyez avec le doigt ou un crayon sur le fond de la petite motte à travers l'orifice de drainage de l'alvéole. Utilisez le même terreau que pour le semis et étiquetez les diverses variétés pour éviter les confusions.

MARS

SEMER LES CAROTTES EN LIGNE SOUS COUVERTURE

Les carottes ne se repiquent pas mais sont directement semées en place. Aux premières Nantaises et autres carottes de saison semées dès mars succéderont en juin les carottes de conservation destinées aux récoltes hivernales.

1 —

Écartez sur toute la ligne du futur semis la couverture organique déposée en automne dernier afin de mettre à nue la terre qu'elle recouvre. Les carottes apprécient les expositions ensoleillées et jusqu'à mi-ombre. Elles préfèrent les sols légers et sableux, plutôt calcaires, friables et homogènes. Une terre riche en humus n'est pas faite pour leur déplaire. Elles redoutent néanmoins les fumures récentes qui favorisent la formation de racines fourchues.

2 —

Travaillez finement le sol à la griffe afin de l'ameublir sur une profondeur de 20 cm. Supprimez les cailloux, les mottes et autres résidus grossiers de végétaux. Creusez un sillon plus ou moins large et profond de 2 cm à l'aide d'une serfouette ou d'une binette. Éparpillez les graines au fond du sillon à la main ou avec un semoir. Même si la germination des graines de carottes est capricieuse, ne les semez pas de façon trop drue pour éviter des éclaircissages toujours fastidieux.

3 —

Après les semis, recouvrez les graines d'une fine pellicule de terre avec un râteau. Tassez en surface et arrosez tout de suite afin de faire adhérer la terre aux graines. Attendez que le sol se dessèche superficiellement pour épandre une fine couverture de compost (1 cm) ou d'un paillis très peu épais (moins de 3 cm). Si plusieurs rangées se succèdent, une litière plus épaisse peut être étalée entre elles. Arrachez tout de suite les quelques herbes indésirables qui viendraient à germer au milieu des jeunes carottes.

MARS

SEMER LES PETITS POIS EN LIGNE SOUS COUVERTURE

Les petits pois apprécient peu les situations climatiques extrêmes. Ils n'aiment pas plus le froid et l'excès d'humidité que le temps très chaud et sec. Plus précoces, les variétés à grains ronds sont cultivées en primeurs et semées dès mars, celles à grains ridés, moins rustiques, en avril.

1 —

Attendez que le sol se réchauffe pour écarter à l'endroit de la future ligne de semis la couverture épandue en automne. Comme toutes les plantes de leur famille botanique – les Fabacées –, les petits pois apprécient les situations ensoleillées et les sols frais et légers, retenant bien l'eau mais non détrempés, humifères mais sans matière organique fraîche. Par temps très frais, prévoyez la pose d'un voile de protection ou d'un mini-tunnel.

2 —

Avec la langue d'une serfouette, ouvrez un sillon en V d'une profondeur de 2 à 3 cm. Déposez les graines au fond du rayon en les espaçant de 2 cm. Refermez le sillon en recouvrant les graines et tassez légèrement la ligne de semis avec le dos du râteau. Pour les variétés à rames – les plus productives –, piquez le long de la rangée des supports sous forme de tuteurs bambou ou de petites branches de noisetier, de hêtre ou de charme.

3 —

Après semis, remettez en place la couverture organique précédemment écartée. Plus le sol est chaud, plus la germination et la première croissance sont énergiques. Après démarrage des jeunes pousses, complétez ce premier mulch par un nouveau paillis lâche et aéré qui permettra le réchauffement du sol tout en lui conservant une certaine humidité. Un départ précoce est garant d'une bonne récolte car, en cas de floraison tardive, la chaleur – au-delà de 30 °C – bloque la production des fleurs.

AVRIL

SEMER LES RADIS À LA VOLÉE SOUS COUVERTURE

Les petits radis de printemps germent rapidement et se récoltent environ 40 jours après le semis. La croissance des variétés précoces est si énergique que les cotylédons qui se développent jusqu'au 15e jour persistent souvent jusqu'à la récolte.

1 —

Pour ces premiers semis, choisissez un endroit ensoleillé et dégagé (les derniers semis de printemps se pratiquent de préférence à mi-ombre). Écartez la couverture organique épandue en automne pour mettre à nu le sol ancien qui devra être suffisamment aéré, sans cailloux, plutôt humifère mais sans matière organique fraîche.
À cette époque de l'année le sol est généralement suffisamment frais. Sinon, arrosez-le en pluie fine afin de l'humecter.

2 —

Ameublissez finement la terre à la griffe sur une profondeur de 10 cm environ. Semez indifféremment en ligne ou à la volée. Dans le cas des variétés à racines rondes, déposez les graines très en surface ; pour les variétés mi-longues, enterrez-les de 2 cm.
Dans les deux cas, semez de façon très aérée car la germination des graines de radis est toujours très bonne. Arrosez en pluie afin de tasser la terre en surface ou, si le temps est à l'humidité, plombez simplement avec le dos du râteau.

3 —

Attendez que le sol se ressuie en surface avant de remettre en place la couverture écartée au préalable. Ne la tassez pas et ne dépassez pas 3 cm d'épaisseur.
À cette époque de l'année, l'arrosage est en général inutile et l'excès d'eau pourra même provoquer un développement exagéré du feuillage au détriment de la racine. Prélevez les premiers radis à 4 ou 5 feuilles. Pour une récolte en continue, échelonner les semis tous les 15 jours.

AVRIL

SEMER DES FLEURS QUI ATTIRENT LES ABEILLES

Une prairie fleurie remédie à la triste uniformité des gazons et supprime les corvées de tontes. Semez-la directement en place. N'hésitez pas ! C'est beau, c'est économique – de 5 à 10 fois moins cher qu'un massif repiqué – et très apprécié des insectes pollinisateurs.

1

Débarrassez à la griffe le sol de la couverture épandue en automne. Si la terre vous paraît très compactée, aérez-la à l'aérabêche à une profondeur de 30 cm (les fleurs semées en place enfoncent profondément leurs racines dans le sol). Au besoin, débarrassez-la des adventices qui l'encombrent. Nivelez et griffez la terre en surface pour affiner le lit de semis. Semez les graines à la volée en respectant les dosages préconisés (généralement de 1,5 à 2,5 g/m²).

2

Épandez les graines de façon homogène, sans trop les serrer. Pour une bonne répartition des semences, mélangez-les avec une matière neutre : sable, vermiculite ou terreau fin et sec. Si vous n'avez pas la main sûre – ou si vous manquez d'habitude –, doublez les passages en les croisant à 90 ° (mais sans dépasser la dose conseillée). Un léger coup de griffe ou de râteau permettra de recouvrir très superficiellement les graines.

3

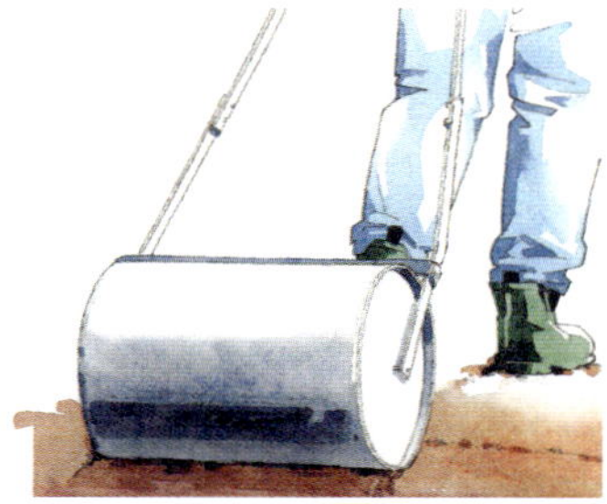

Pour permettre une bonne adhérence des graines à la terre, tassez le sol au pied, avec des chaussures plates sans talon – type basket – si la surface ensemencée est petite. Sinon utilisez un rouleau que vous pourrez louer pour l'occasion. Arrosez ou, si le temps est couvert, attendez la pluie. Veillez à ce que le sol conserve sa fraîcheur pendant la période de levée qui s'étale généralement sur 3 semaines à 1 mois. En période sèche, arrosez faiblement mais finement et régulièrement.

SEMER LA POIRÉE DIRECTEMENT EN GODETS

La poirée est une betterave qui se cultive pour ses feuilles qui se mangent cuites à la vapeur ou braisées. Elle se sème directement en place en mai mais vous pouvez anticiper son semis en pot sous serre ou véranda dès avril.

1 —

Récupérez une barquette horticole munie de ses godets et remplissez-les avec un terreau léger et humifère. Déposez dans chacun 2 graines en les enterrant à 1 cm de profondeur. Arrosez immédiatement. Par la suite, en ambiance fraîche – inférieur à 10 °C –, limitez les arrosages pour éviter les risques cryptogamiques. La levée requiert 10 à 14 jours à 12 °C et 6 jours à 20 °C. Attention aux semis trop précoces qui font volontiers monter les poirées à graines.

2 —

À la levée ou, au plus tard, lorsque les jeunes plantules atteignent 3 à 5 cm de haut, arrachez les pousses surnuméraires en ne conservant qu'un seul plant par pot. Les plantes prélevées peuvent être repiquées à leur tour et rempotées. Elles seront prêtes à être plantées quelques jours après celles directement semées en godet. Évitez néanmoins de trop les multiplier, car 5 à 8 pieds suffisent amplement pour la consommation d'une famille de 4 personnes.

3 —

Plantez les jeunes mottes au potager vers le 15 mai, après les derniers risques de gels (même une légère gelée blanche peut provoquer une montée à graines prématurée). Implantez-les au soleil ou à mi-ombre dans un sol frais et riche en matière organique, en les espaçant les unes des autres de 40 cm. Tassez énergiquement au collet et arrosez tout de suite. Paillez une fois le sol desséché en surface. Les poirées se récoltent de façon continue de juillet jusqu'aux gelées.

AVRIL

MARCOTTER L'ESTRAGON

L'estragon est une aromatique vivace à saveur anisée et légèrement poivrée. Il se multiplie aisément par division de souche et, plus difficilement, par bouture. En le marcottant, vous pourrez le multiplier sans nuire aux sujets en place.

1 —

À l'état adulte, l'estragon est une plante buissonnante de 1 m de haut à nombreuses tiges ramifiées. Sa partie aérienne disparaît totalement en hiver, mais ses jeunes pousses réapparaissent dès avril. C'est le meilleur moment pour le marcotter. Creusez délicatement au pied de la plante afin de prélever une repousse vigoureuse de 15 cm de long au moins à l'aide d'un canif ou d'une serpette. Même faiblement raciné, un jeune rejet développe très facilement de nouvelles racines.

2 —

Coupez le bas de la marcotte garnie de quelques racines blanches de l'année. Gardez entière la partie supérieure ou retaillez simplement la pointe. Supprimez toutes les feuilles sur les 2/3 de la partie à enterrer mais conservez celles du haut. Les jeunes marcottes dessèchent rapidement. Enveloppez-les dans un chiffon humide et ne les laissez pas au soleil. Sans être indispensable, l'utilisation d'auxine d'enracinement du commerce accélère l'émission des nouvelles racines.

3 —

Si la marcotte est suffisamment vigoureuse, plantez-la directement en place. Sinon, repiquez-la dans un pot. Utilisez un substrat humifère mais bien drainant et arrosez tout de suite afin de faire adhérer le terreau à la partie enterrée de la marcotte. Coiffez l'ensemble avec un sac plastique transparent raidi par une structure de fil de fer et fixé sur le pot par un élastique. Entreposez le tout dans un endroit lumineux mais non ensoleillé. La mise en place au potager interviendra 3 à 4 semaines plus tard.

FAIRE SON BAC À COMPOST

Qu'il soit fait-maison ou acheté tout fait en bois ou en plastique recyclé, le bac à compost s'implante à l'ombre, sur sol frais et non compacté. Ne vous contentez pas d'un silo unique mais installez-en 2 ou 3 afin de séparer les composts prêts à l'utilisation et ceux en cours d'élaboration.

1 —

Un compost peut « digérer » tous les ingrédients organiques – plus ou moins rapidement il est vrai. Alternez les matériaux organiques grossiers ou ligneux avec d'anciennes tontes de gazon, des herbes sèches arrachées, des feuilles mortes de l'automne ou des déchets de cuisine. Ajoutez de temps à autre une pelletée de terre ou, mieux, de compost ancien afin d'ensemencer les matières végétales en cours de décomposition avec des micro-organismes nitrificateurs.

2 —

Au fur et à mesure de leur disponibilité, complétez le bac à compost jusqu'à son remplissage complet avec des matières organiques fraîches, sans les tasser. En période sèche, humectez le compost, régulièrement mais sans excès. Pendant toute la durée d'élaboration du compost, aucune odeur désagréable ne doit en émaner. Si c'est le cas, aérez-le à la fourche à 2 à 3 reprises. Pour une décomposition plus homogène, les matériaux organiques ligneux sont de préférence broyés.

3 —

Une fois suffisamment avancé, prélevez le compost pour l'utiliser au jardin. Pour en disposer, il faudra compter 3 à 6 mois pour un compost jeune, 6 à 9 mois pour un compost intermédiaire et 9 à 12 mois pour un compost mûr et bien décomposé. Si lors de l'épandage le compost vous paraît trop grossier, tamisez-le. Les parties rejetées par le tamis seront à nouveau ajoutées au compost en cours d'élaboration afin de hâter sa décomposition.

PLANTER DES LAITUES EN MINI-MOTTES SOUS COUVERTURE

Les laitues redoutent les grands froids de l'hiver qui les détruisent et les excès de chaleur et de sécheresse de l'été qui les font monter à graines. Elles se plantent en mini-mottes semées en plaque de culture ou achetées auprès du commerce horticole.

1 —

Toutes les laitues se cultivent en sol frais, fertile et très riche en humus. Elles apprécient peu une terre mélangée de matière organique trop fraîche qui, en outre, les sensibilise aux attaques de ces parasites racinaires que sont les noctuelles et les hépiales. Plantez-les en exposition ensoleillée (en été elles préféreront la mi-ombre). Mettez le sol à nu en écartant la litière épandue en automne. Si la terre vous parait trop sèche, humectez-la par arrosage avant implantation des jeunes mottes.

2 —

Seuls les sols nouvellement cultivés en permaculture et encore trop compactes sous la litière nécessitent un ameublissement à la griffe avant plantation. Pour un sol régulièrement amendé, contentez-vous d'ouvrir un trou de plantation tous les 25 à 30 cm avec un transplantoir et déposez-y les mini-mottes en les recouvrant de terre émiettée. Maintenez-les à ras de terre, sans enterrer le collet et en les bornant énergiquement. Arrosez tout de suite, au goulot.

3 —

Pour éviter la prolifération de limaces et d'escargots, attendez que la surface du sol dessèche pour remettre en place la couverture écartée au préalable. Étalez-la jusqu'au pied de la plante, en ne laissant émerger que les jeunes feuilles. La croissance des laitues est rapide et 4 à 6 semaines séparent le repiquage de la récolte des laitues de printemps. Les laitues d'été pomment plus rapidement encore et se récoltent moins d'un mois après plantation.

AVRIL

INSTALLER UNE SPIRALE À AROMATES

Une spirale à aromates est une structure en pierres montée en colimaçon dans laquelle seront repiquées – et plus exceptionnellement semées – de nombreuses plantes condimentaires. Sa forme en relief permet de répondre aux besoins spécifiques de chaque espèce.

1 —

Délimitez au sol la forme en escargot de votre future spirale. Ne dépassez pas 1,50 m d'envergure afin de faciliter par la suite les diverses plantations, l'entretien et les récoltes. Sa forme en spirale permettra d'orienter au mieux chaque plante : la mélisse et le cerfeuil au nord, les persils et l'hysope à l'ouest, les basilics, le piment et la marjolaine au sud, la coriandre, le romarin, la sarriette et l'estragon à l'est.

2 —

Déposez votre première rangée de pierres pour donner à votre spirale la forme et la dimension souhaitée. Montez progressivement votre enrochement, sans le sceller. Commencée au ras du sol, la spirale s'élèvera dans sa partie la plus élevée entre 80 cm et 1 m de haut. Installez-la près de la maison pour faciliter les cueillettes qui seront quotidienne entre mai et septembre. Pour gagner en élégance, utilisez un type régional de pierres pour le montage de votre spirale.

3 —

Comblez la spirale avec de la terre de votre jardin si celle-ci est naturellement fine et de texture souple ou d'un mélange de terre/compost bien décomposé. Débutez tout de suite la plantation en commençant en début de spirale et en remontant progressivement vers le sommet. Évitez d'y repiquer des espèces envahissantes comme la menthe ou trop volumineuses comme la livèche – à moins d'avoir prévu la taille de votre spirale en conséquence !

AVRIL

PLANTER DES POMMES DE TERRE SOUS PAILLIS

Utilisez des tubercules prégermés du commerce ou faites germer dans une cagette des pommes de terre de taille moyenne issues de votre ancienne récolte. Maintenez-les au frais mais dans un lieu lumineux jusqu'au démarrage et débutez les plantations en avril, dès la floraison du lilas.

1 —

Ne débarrassez pas la parcelle de la litière épandue avant l'hiver. Si vous plantez vos pommes de terre après un engrais vert d'automne, débarrassez à l'aide d'une fourche ou à la main le sol de la couverture végétale. Réservez-la pour en recouvrir le sol après mise en place des tubercules. Ne l'enterrez pas pour éviter les dégâts dus aux larves de tipules (vers fil-de-fer), très actives sur les pommes de terre, en terres amendées de matières organiques trop fraîches.

2 —

Déposez les tubercules, sans les enterrer ou à peine (pas plus de 3 cm), en écartant ponctuellement la couverture en place. Si des jeunes germes recouvrent les pommes de terre plantées, manipulez-les avec précautions pour éviter de les casser. Ne plantez pas vos pommes de terre trop tôt. Attendez les premiers redoux et le réchauffement du sol pour permettre un premier départ vigoureux. Plantez vos tubercules en quinconce et séparez vos plants de 30 à 40 cm.

3 —

Complétez la couverture posée en automne avec une couche de paille ou de fumier très pailleux. Étalez-la tout de suite après la plantation ou juste après le départ des jeunes pousses. N'attendez pas trop car la première croissance des pousses complique la mise en place de la litière. Pour éviter le développement des maladies cryptogamiques et le pullulement des doryphores, choisissez des variétés résistantes et respectez un assolement triennal à quinquennal.

AVRIL

REPIQUER SOUS LITIÈRE

L'utilisation systématique de matières organiques en couverture constitue la marque de fabrique de la permaculture. Elles présentent de nombreux avantages en culture, mais nécessitent certaines précautions lors de la mise en place de replants de légumes et d'aromates.

1 —

Les jeunes plantes ne sont jamais plantées dans la couverture organique, mais dans terre qu'elle recouvre. Lors de leur mise en place, il faudra donc écarter la litière et mettre à nu le sol d'origine.
À ce stade, la couverture se présente plus comme un handicap à la plantation qu'une aide. L'avantage, c'est que la terre recouverte est généralement fraîche et meuble, riche de l'intégration naturelle des anciennes litières organiques maintenant décomposées.

2 —

La plantation proprement dite des jeunes plants en mini-mottes ou en mottes ne diffère en rien d'une plantation horticole classique. Elle se pratique au transplantoir, en enterrant plus ou moins les plantes selon les espèces. Si la tomate peut être plantée très profondément, les concombres et les laitues ne le sont que très superficiellement afin d'éviter les pourritures au collet. Sous couverture permanente n'arrosez que par temps excessivement chaud et sec..

3 —

La couverture au préalable écartée est repositionnée jusqu'au pied de la plante. Si la terre est très humide, il est préférable d'attendre qu'elle se ressuie en surface pour éviter la pullulation des gastéropodes. Dans tous les cas, la matière organique même décomposée n'est jamais incorporée directement à la terre. C'est la dynamique biologique du sol qui assure d'abord sa décomposition puis son intégration au profil arable.

APPORTER UN FUMIER PAILLEUX AU PIED D'UN ARBRE

Une fois en place, tous les végétaux apprécient les couvertures organiques. Néanmoins, plus les plantes sont jeunes ou frêles, plus cette matière organique devra être fine et bien décomposée. Les arbres et les arbustes se contentent, eux, d'une litière plus grossière.

1 —

Aérez le sol au pied de l'arbre jusqu'à l'aplomb extérieur de sa couronne avec une serfouette, une griffe ou une aérabêche. Comme au potager, la couverture organique limite la croissance des mauvaises herbes, évite les déperditions d'eau par évaporation, empêche le compactage du sol dû aux piétinements ou aux précipitations et, à terme, compose un substrat favorable à une mise en culture de légumes et d'aromates sous frondaison.

2 —

Épandez à la fourche le fumier pailleux sur le sol – les pailles de blé, d'avoine ou de seigle conviennent également. Utilisez une fourche pour entasser la matière organique jusqu'à une épaisseur de 20 cm ou plus. Lâche et aérée, il est préférable de la tasser fortement en la piétinant. En se décomposant, elle perdra rapidement de son volume, d'autant que l'aération préalable du sol facilitera son évolution et son intégration progressive à la terre en place.

3 —

Dégagez le collet pour éviter les dégâts de mulots et de campagnols. La richesse organique de surface constitue une zone très favorable à la croissance des racines de l'arbre. Pour éviter que des amas racinaires superficiels ne constituent par la suite un obstacle aux mises en culture sous couvert, préférez lors de la mise en place des arbres fruitiers les variétés greffées sur des porte-greffes à système racinaire pivotant et profond plutôt qu'à racines superficielles.

INSTALLER DES RUCHES

Les abeilles domestiques assurent plus de 85 % de la pollinisation des fleurs de votre jardin. En y installant des ruches de loisir, vous contribuerez à la propagation de l'espèce tout en produisant votre propre miel.

1

Les abeilles apprécient la tranquillité. Pour vos ruches, choisissez une zone tranquille et éloignée des passages réguliers. Comme elles doivent pouvoir s'envoler sans rencontrer d'obstacles, veillez à ce que l'emplacement soit suffisamment dégagé. Il est préférable d'isoler les ruches des propriétés voisines ou des chemins publics par un mur, une palissade ou une haie vive de 2 m de hauteur. Évitez les zones venteuses et préférez un endroit ombré en été pour que les colonies ne souffrent pas trop de la chaleur.

2

Posez et stabilisez les parpaings destinés au soubassement des ruches qui ne doivent pas être en contact direct avec le sol. Les extrêmes climatiques – trop chaud, trop froid, trop humide – sont les grands ennemis d'une ruche tout au long de l'année. En les rehaussant, vous éviterez que le froid de la terre gelée en hiver ne se communique aux essaims et, isolés du sol, vous les mettrez à l'abri des infiltrations et des remontées d'eau. Assurez-vous de pouvoir circuler librement autour de la ruche chaque fois que cela s'avérera nécessaire.

3

Procurez-vous un ou plusieurs essaims auprès d'un apiculteur de la région et posez les ruches occupées par les abeilles directement sur les parpaings. En manipulant les ruches, munissez-vous d'une combinaison, et éventuellement de gants. Chaussez des bottes et glissez-y le bas du pantalon pour éviter qu'une abeille aventureuse ne se glisse le long de votre jambe. Il est toujours avantageux pour un débutant de se faire coacher les premières années par un apiculteur aguerri.

SEMER DES LAITUES SUR BUTTE

Les laitues pommées se repiquent généralement en jeunes mottes alors que les laitues à couper se sèment directement en place. Leur culture est particulièrement gratifiante puisque moins de 4 à 5 semaines séparent le semis des premières récoltes.

1

Riche en matières humifères, légère et cultivée de façon suivie, la terre des buttes convient parfaitement aux laitues. Jusqu'à la fin du printemps, installez-les sur le côté le plus ensoleillé de la butte – le côté ombré conviendra mieux en été. Commencez par débarrasser la butte des résidus des anciennes cultures et des herbes indésirables avec une binette ou une griffe. Si le sol est très sec, arrosez-le délicatement en pluie pour éviter le ruissellement.

2

Tracez un sillon de semis peu profond – moins de 1 cm – avec la langue de la serfouette. Pour faciliter par la suite l'arrosage, positionnez-le longitudinalement le long de la butte. Déposez les graines sans trop les serrer et en les recouvrant légèrement de terre. Arrosez tout de suite et posez un compost léger et fin sur la rangée de semis. Les laitues à couper relèvent de variétés spécifiques de type "feuille de chêne" ou de laitues italiennes comme "Blonde à feuille pleine" ou "Lollo rossa".

3

La levée de la graine se fait en 4 à 7 jours. Ne laissez pas se dessécher le sol en arrosant faiblement mais régulièrement en pluie. Prélevez les premières pousses entières, en éclaircissant progressivement les jeunes semis pour ne conserver qu'un pied tous les 10 à 15 cm. Quand les jeunes pousses restantes atteignent 15 cm de haut, coupez-les avec un ciseau entre 2 à 3 cm au-dessus du collet afin de permettre une seconde pousse à récolter 15 jours plus tard.

MAI

PLANTER DES TOMATES EN MOTTES SOUS COUVERTURE

La tomate est une plante robuste et vigoureuse qui s'adapte à tous les sols. Très à l'aise dans un sol riche et humifère, elle apprécie la pose d'une litière organique épaisse et dense dès la mise en place. Dans la majeure partie du pays, la plantation intervient entre le 8 et le 15 mai.

1 —

La litière posée en automne de l'année dernière maintient le sol suffisamment meuble et frais – c'est-à-dire assez humide sans l'être trop. Écartez-la couverture organique pour découvrir le sol à l'endroit de la plantation et ouvrez un trou un peu plus volumineux que la motte de la tomate à planter. À la plantation, la température du sol doit être d'au moins 10 °C (en posant la main à plat sur le sol, la paume ne doit pas ressentir de sensation de fraîcheur).

2 —

Les variétés à port indéterminé – de loin les plus nombreuses – nécessitent un tuteur en bois, en bambou ou en métal de 1,80 m au moins pour la plupart des variétés et jusqu'à 2,5 m pour les plus vigoureuses comme la "Sweet 100" ou l'"Harmony". Ouvrez un trou de la taille de la motte de la tomate à planter avec une pelle à transplanter et piquez-la en place avant même la plantation. Recouvrez la motte avec de la terre fine et tassez énergiquement avant d'arroser.

3 —

Attachez la pousse au tuteur avec une ficelle de sisal ou, dans le cas des tuteurs métalliques torsadés, guidez la pousse dans la spire. Remettez directement en place la couverture écartée au préalable en recouvrant jusqu'au collet de la plante. Un paillis pourra compléter cette première couverture dès le mois de juin. Pincez régulièrement à l'aisselle des feuilles les jeunes pousses qui apparaissent. Les premières récoltes débutent 7 à 8 semaines après la plantation.

PAILLER DES TOMATES EN PLACE

Paillez les tomates – mais aussi les aubergines, les poivrons, les courgettes et toutes les courges d'hiver – dès le mois de juin ou attendez les premières moissons de juillet pour vous procurer des bottes comprimées de paille de seigle, d'orge ou de blé.

1 —

Les tomates atteignent maintenant une cinquantaine de centimètres de haut. Quel que soit le type ou la variété, toutes apprécient la pose d'une épaisse litière de paille. La présence d'un paillis permettra en outre de récolter sur les tomates naines comme "Minibel" ou "Tumbling Tom Yellow" des fruits indemnes de particules terreuses. Si la terre est sèche, arrosez copieusement avant la pose du paillis.

2 —

Les bottes de paille standard de 90 cm x 50 cm x 40 cm se manutentionnent facilement. Ramenez la quantité nécessaire près de vos tomates, en comptant une botte pour une trentaine de pieds. Coupez les liens qui les maintiennent et prélevez la paille à pleine main en l'épandant de façon homogène sur toute la surface occupée par vos tomates. Ce paillis estival double la couverture organique en voie de décomposition posée en automne et repositionnée aux pieds des tomates après leur plantation.

3 —

Concentrez la paille au collet des plantes et tassez-la avec le pied afin de la densifier (la paille sèche présente une texture très aérée). Après tassement, la litière de paille doit se trouver à la hauteur du premier bouquet de fruits. La couverture se maintiendra en place jusqu'à l'arrachage des tomates parvenues en fin de production, généralement début octobre. Contentez-vous alors de la recouvrir avec du compost ou de fumier composté.

MAI

PLANTER UNE COURGETTE SOUS COUVERTURE

Comme toutes les plantes de la famille botanique des Cucurbitacées (concombre, potimarron, potiron et les diverses courges musquées), la courgette apprécie les sols bien pourvu en matières organiques. Il n'est pas rare de la voir pousser directement sur le tas de compost.

1

La courgette supporte des températures légèrement plus fraîches que les tomates et surtout que les aubergines et les poivrons. Implantez-la à exposition lumineuse, pas forcément en plein soleil. En situation chaude et très sèche, les courgettes sont plus souvent affectées par le feutrage blanc de l'oïdium. Écartez la matière organique déjà en place pour découvrir la terre nue, généralement meuble et légèrement humide. En cas de fraîcheur printanière persistante, reportez votre plantation d'une semaine.

2

Débarrassez le pied de la courgette de son pot et ouvrez un trou de plantation à peine plus grand que la motte avec une pelle à transplanter. Inutile d'apporter de compost. La couche la plus basse de la couverture d'automne – compost ou fumier composté – maintenant décomposée, la plantation permettra de l'incorporer au sol en place. Déposez minutieusement la motte en place car les courgettes sont sensibles au dérangement des racines lors de la plantation.

3

Si la terre vous paraît trop sèche, arrosez au goulot. Pour éviter d'éventuels dégâts de limaces, attendez que le sol sèche en surface avant de remettre en place la couverture écartée au préalable. Veillez à ce que les grandes feuilles de la courgette émergent de la couverture. Paillez les pieds de courgettes dès juin. Un démarrage rapide permettra de récolter des courgettes jeunes et tendres, à saveur très douce, 3 à 4 semaines après la plantation.

JUIN

PLANTER UN BASILIC SOUS COUVERTURE

Le basilic est une aromatique annuelle exhalant d'agréables arômes balsamiques. Il peut se semer en place en sol réchauffé de fin mai à début juillet. Cependant, le temps entre la mise en place et la première cueillette sera ramené à moins de 4 semaines si vous le repiquez en place.

1 —

Installez votre basilic dans un endroit ensoleillé et abrité des vents. Comme il est sensible au froid, voire à la simple fraîcheur printanière, ne le plantez pas avant fin mai ou début juin. Écartez la matière organique de couverture épandue en automne pour découvrir un sol frais, meuble, léger, bien drainée et riche en humus ancien. Si le sol est sec – ce que le basilic apprécie peu –, arrosez-le en pluie et attendez quelques heures avant de le planter.

2 —

Creusez avec un transplantoir un trou de plantation à peine plus volumineux que la motte. Avant de planter, plongez le conteneur dans l'eau pendant quelques secondes, puis dépotez la motte et posez-la dans le trou de plantation. Recouvrez la motte de terre et bornez énergiquement au collet afin de l'ancrer solidement dans le sol. Si vous plantez deux pieds ou plus, écartez-les de 25 à 30 cm. Arrosez abondamment chaque plante au goulot.

3 —

Les risques de dégâts de limaces étant limités, remettez tout de suite en place la litière écartée au préalable. Les basilics acceptent volontiers un paillis de 5 à 7 cm d'épaisseur. Au besoin, complétez la première couverture avec un nouvel apport de compost ancien. Coupez les fleurs au fur et à mesure de leur apparition afin de favoriser la production de nouvelles pousses. En cas de sécheresse, arrosez pour optimiser le développement du feuillage.

METTRE EN PLACE UN PAILLIS SUR DES JEUNES LÉGUMES

Le paillage consiste à épandre de la paille hachée ou un fumier pailleux au pied des plantes cultivées pour limiter l'évaporation et conserver la terre fraîche. Quoique variable dans son épaisseur, tous les légumes du potager croissent vigoureusement sous une couverture pailleuse.

1 —

L'ancienne couverture épandue sur le sol en automne, écartée au semis ou à la plantation et remise en place, parvient au terme de son évolution. En l'état, elle aura disparu en automne, ingérée par la dynamique biologique du sol. Dans une optique de couverture permanente, étalez une nouvelle litière avant que l'ancienne ne se soit totalement décomposée. Si toutes les matières organiques conviennent en couverture estivale, la paille est la plus facile à mettre en place.

2 —

Coupez les liens de la botte de paille et prélevez une brassée à la main. Épandez-la en couverture d'autant plus épaisse que la plante est haute. Sur laitues, chicorées et choux, elle ne dépasse pas 3 à 5 cm d'épaisseur alors qu'elle atteindra 20 et même 30 cm pour les tomates, les aubergines, les poivrons et les diverses Cucurbitacées. Épandue sèche, la paille évoluera lentement en été mais se décomposera rapidement après les premières pluies d'automne.

3 —

Piétinez modérément le paillis pour le tasser. Mise en place en début d'été, une couverture pailleuse ne favorise pas exagérément la prolifération des limaces et des escargots. En servant d'abri aux carabes et aux staphylins – grands consommateurs de mollusques –, elle limite même leur propagation. Quoi qu'il en soit, dans la pratique, l'utilisation d'un paillis présente à terme bien plus d'avantages que d'inconvénients.

JUIN

SEMER DES HARICOTS GRIMPANTS EN POQUETS SOUS COUVERTURE

Pour produire abondamment, la levée des haricots doit être rapide. Attendez les premières grandes chaleurs pour les semer. Les haricots grimpants, filets, mange-tout ou à grains nécessitent un support d'au moins 2 m de haut pour se développer à leurs aises.

1 —

Choisissez un endroit chaud et très ensoleillé du potager pour monter une structure de soutien composée de rejets de noisetiers ou de tuteurs en bambou. Piquez-les dans le sol en les groupant par trois en tipi ou en les posant par deux en enfilade, en les attachant à leur sommet avant de les raidir à l'aide d'une rame posée en faîtière. Seules les terres excessivement lourdes rebutent les haricots. Dans une terre friable, légère et profonde, leur croissance est rapide et vigoureuse.

2 —

Écartez l'ancienne matière organique se trouvant au pied de chaque rame et ouvrez une petite cuvette large de 15 cm et profonde de 3 cm. Si la terre vous paraît sèche, imbibez par arrosage au goulot le fond des poquets. Déposez 5 à 7 graines de haricots dans chaque cuvette et recouvrez-les avec une terre fine et meuble, dépourvue de matières organiques fibreuses incomplètement décomposées. Arrosez tout de suite pour humecter les graines et faciliter leur départ en germination.

3 —

Remettez en place la couverture écartée au préalable en recouvrant totalement les poquets sur une épaisseur de 3 à 5 cm. Avant même que ne germent les graines, complétez cette ancienne couverture par un paillis lâche et aéré de 10 cm d'épaisseur. Si l'été est chaud et très sec, arrosez abondamment au goulot à 4 ou 5 reprises. L'eau devra percoler dans le sol à chaque arrosage jusqu'à 40 cm de profondeur. Attendez que la terre se dessèche en surface pour renouveler vos apports.

PLANTER DES POIREAUX SOUS COUVERTURE

Du semis en pépinière au repiquage et jusqu'aux dernières récoltes, la culture du poireau couvre une année complète. Semés au printemps et plantés en été, ils poursuivent leur croissance après la venue de la fraîcheur et de l'humidité automnales.

1 —

Écartez avec une griffe la matière organique placée en couverture en automne sur toute la surface destinée à recevoir vos poireaux. Ils apprécient un sol frais, bien drainé, profond et riche en matières organiques. Installez-les dans un endroit dégagé du potager, au soleil. Les terres lourdes et argileuses sont de bonnes terres à poireaux, mais elles rendent l'arrachage difficile. Il est donc préférable de les planter dans une terre régulièrement amendée de compost ou de fumier composté.

2 —

Arrachez les jeunes poireaux semés il y a 2 ou 3 mois et habillez les plants qui mesurent environ 1 cm de diamètre en coupant les racines à 1 cm du fût et en rabattant le feuillage presque jusqu'au blanc. Plantez-les en trou individuel ou en rangée, au fond d'un sillon en forme de V profond de 15 cm et creusé à la serfouette. Enterrez-les au 3/4 et arrosez abondamment chaque pied au goulot en laissant percoler l'eau en profondeur.

3 —

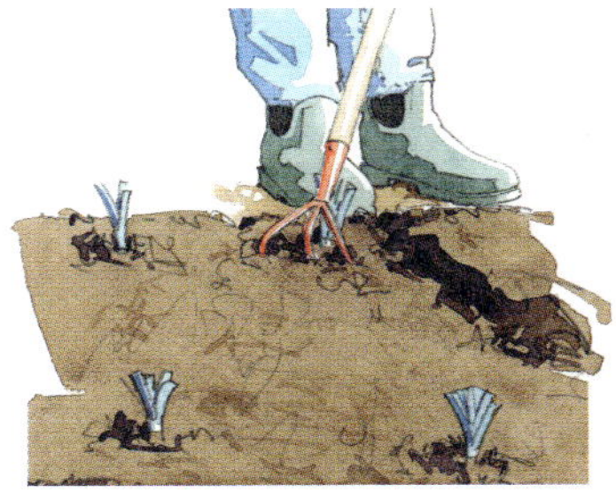

Le poireau est un légume exigeant qui épuise rapidement le sol. Remettez en place la couverture organique écartée au préalable jusqu'à faire disparaître le fût du poireau (seules les feuilles émergent de la couverture). Dans les semaines à venir, complétez avec un apport de compost ou de fumier composté afin d'allonger la partie blanche du fût à récolter. À partir de là, vos poireaux ne requièrent pas de désherbage et se contentent d'un arrosage modéré.

INSTALLER DES POULES

Deux ou trois poules se contentent d'un petit poulailler de 1 m². Mais la basse-cour proprement dite devra couvrir une surface de 30 m² afin de leur permettre de déambuler à leurs aises. Installez-les au calme, en évitant le plein soleil et les coins venteux.

1 —

Installez tout de suite les poules nouvellement acquises dans le poulailler fermé et garni d'une épaisse litière de paille. Si le grillage qui limite le déplacement des poules ne dépasse pas 1,20 m de hauteur, coupez-leur le bout des plumes d'une aile à 1 cm de la chair (l'opération est sans douleur). Vous évitez ainsi de les voir prendre leur envol au-dessus du grillage et quitter l'enclos.

2 —

Le lendemain, ouvrez la porte et laissez déambuler les poules. Comme la nourriture doit rester à disposition en permanence, installez une mangeoire à réserve de grains. De même, un abreuvoir automatique en métal galvanisé leur permettra de disposer de l'eau nécessaire (une poule boit deux fois plus qu'elle ne mange et réclame 240 à 300 ml d'eau tous les jours). D'abord un peu désorientées, vos jeunes poules trouveront rapidement leurs repères.

3 —

Le soir venu, enfermez à nouveau vos poules pour la nuit. Le matin suivant, ouvrez la porte et laissez-les déambuler pour la journée. Elles regagneront seules le poulailler à la tombée de la nuit. Contentez-vous alors de refermer la porte et rouvrez-la à nouveau le lendemain. À partir de là, elles se débrouilleront toutes seules. Une fois acclimatées, les jeunes poules marqueront leur satisfaction en commençant à pondre régulièrement.

METTRE EN PLACE UN ENGRAIS VERT D'ÉTÉ

La phacélie s'épanouit en curieuses grappes de fleurs d'un bleu profond s'enroulant sur elles-mêmes. Sa croissance vigoureuse limite l'apparition des mauvaises herbes et son système radiculaire puissant agit sur la structure du sol en l'émiettant.

1 —

Le cas échéant, écartez la couverture organique épandue à l'automne dernier ou au printemps avant d'aérer à l'aérabêche le terrain sur toute la surface à ensemencer. Griffez-le sommairement pour l'émietter et égaliser sa surface. De la préparation du sol au fauchage, faites au plus simple, les avantages escomptés par un engrais vert ne devant pas se trouver annihilés par une mise en culture trop contraignante, d'autant que les graines de phacélie lèvent énergiquement même en terrain grossièrement apprêté.

2 —

Semez les graines à la volée, en les dispersant de façon homogène et sans les serrer. Prévoyez 150 g pour 100 m^2. Griffez à nouveau le sol très superficiellement pour les incorporer légèrement à la terre (les graines ne devront pas être enfouies à plus de 1 à 2 fois leur taille). Tassez le sol avec le dos d'un râteau ou roulez-le au rouleau à gazon. N'arrosez que si le semis est suivi par une longue période de sécheresse.

3 —

Fauchez la phacélie en fin de floraison (mais avant la montée à graines). Selon la surface ensemencée, utilisez une faucille, une cisaille à haie, une faux, une tondeuse débroussailleuse ou une tondeuse classique réglée en position haute. Dans ce dernier cas, vous ne vous contenterez pas de la couper mais vous la broierez également, hâtant ultérieurement sa décomposition. Laissez sécher quelques jours en surface jusqu'à sa déshydratation plus ou moins complète.

JUILLET

BOUTURER LA SAUGE

Toutes les sauges se reproduisent par bouturage. Vous pourrez ainsi les multiplier à moindre coût, voire distribuer autour de vous les surplus de production. Renouvelez vos pieds de sauges tous les 3 à 5 ans.

1 —

Le bouturage aoûté est le seul qui convienne aux arbustes persistants. Selon la vigueur de la plante-mère, tronçonnez en plusieurs boutures un rameau entier vigoureux ou prélevez une pousse terminale de 10 cm de long portant des feuilles à son extrémité. Dans le premier cas, la base de la bouture est sectionnée juste au-dessous d'une feuille et

le haut juste au-dessus. Il n'est pas rare qu'une jeune pousse présente à sa base des ébauches racinaires qui faciliteront sa reprise.

2 —

Enlevez les feuilles du bas de la bouture et conservez celles du haut. Même volumineuses, ne recoupez pas les feuilles restantes. L'apparition des racines est longue – comptez 3 semaines – mais les feuilles épaisses et duveteuses présentent un aspect coton-neux sur la face inférieure et se déshydratent lentement et très difficilement. Même

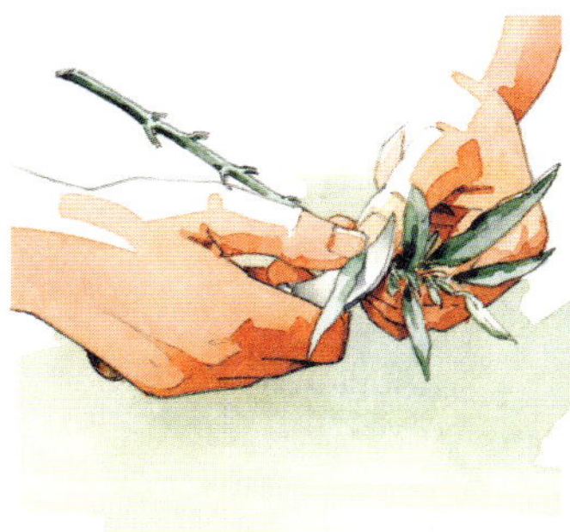

si l'enracinement tarde un peu, il est généralement au rendez-vous et il est difficile de rater ses boutures de sauges.

3 —

Piquez la bouture directement en place ou dans une plaque de culture à alvéoles profondes. Arrosez tout de suite pour permettre une adhésion forte de la terre ou du terreau et de la base de la bouture. Après 2 mois – les racines sont maintenant bien développées – rempotez les jeunes plants dans des petits pots. Hivernez-les à l'abri des fortes gelées et retaillez-les en mars de l'année suivante. Plantez-les au soleil en avril ou mai, dans un sol léger et très bien drainé.

JUILLET

ÉCUSSONNER UN ARBRE FRUITIER

Les arbres fruitiers à pépins ou à noyaux se multiplient par greffe. S'il existe de nombreuses façons de les greffer, la greffe en écusson à œil dormant est la plus facile réussir. Notez que la jeune pousse ne démarre que l'année qui suit la pose de l'écusson.

1 —

La greffe en écusson convient à toutes les espèces fruitières, des pommiers, poiriers et cognassiers aux cerisiers, pruniers, abricotiers et pêchers. Nettoyez avec un chiffon le porte-greffe des éventuelles particules terreuses qui le recouvrent. Incisez en T sur le porte-greffe et écartez les lèvres avec la spatule du greffoir. Sur un porte-greffe bien en sève, l'écorce se lève aisément.

2 —

Effeuillez le rameau-greffon en sectionnant le pétiole des feuilles à une longueur de 1 cm environ. Maintenez fermement le rameau dans la main gauche et levez l'écusson avec la lame du greffoir en commençant à 5 mm au-dessus de l'œil. Fixé entre la lame du greffoir et le pouce du greffeur, l'écusson est débarrassé dans sa partie interne de l'éventuelle languette de bois qui s'y accroche. Veillez à ne pas « vider l'œil » en arrachant le point végétatif, départ de la nouvelle pousse.

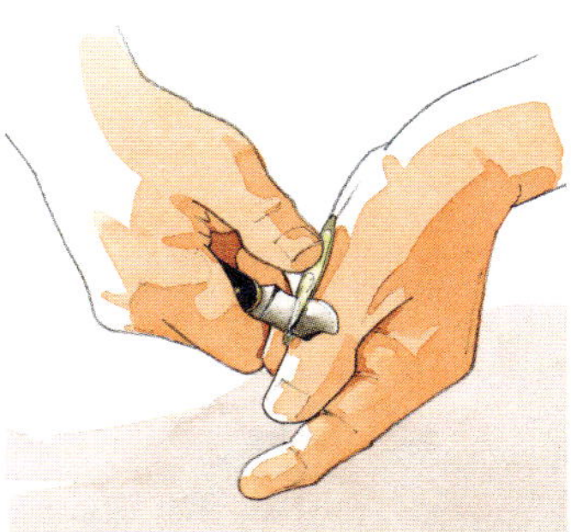

3 —

Insérez l'écusson dans l'incision opérée dans le porte-greffe. Coupez au greffoir la partie de l'écusson située au-dessus de la barre horizontale du T. Ligaturez la greffe sur toute la hauteur de l'incision en commençant au-dessus de l'œil. Traditionnellement, la ligature était faite de raphia. On préférera aujourd'hui des liens extensibles ou un opercule en caoutchouc d'environ 2 cm de côté muni d'une agrafe. L'écusson mettra une dizaine de jours pour se souder au porte-greffe.

JUILLET

RÉCOLTER LES GRAINES D'ANETH

Les graines d'aneth présentent un agréable arôme anisé utilisé pour parfumer les liqueurs, les confitures et les cornichons confits. Prélevées 5 à 6 mois après les semis et conservées au sec et au frais, elles pourront être ressemées dès le printemps suivant.

1 —

Semez l'aneth en place en avril ou mai et laissez-la monter à graines sans prélever le feuillage. Coupez les ombelles sèches en fin d'été avec un ciseau (les graines prennent une belle couleur brun foncé). N'attendez pas trop longtemps, car elles tombent volontiers à terre si l'on tarde un peu. Étalez-les sur une grande feuille de papier dans un endroit aéré pour leur permettre de sécher. Étiquetez afin d'éviter les confusions avec d'autres graines récoltées.

2 —

Quand le moindre contact fait chuter les graines, placez les ombelles dans un sachet en plastique. Secouez afin de faire tomber au fond du pochon les fruits maintenant desséchés et les graines. Décortiquez les fruits et triez les graines à l'aide d'une trémie, d'un chinois ou d'un égouttoir. En soufflant légèrement sur les graines triées vous les débarrasserez des dernières ébarbures. Pour disposer de graines d'aneth à des fins condimentaires pendant tout l'hiver, conservez-les dans un petit bocal en verre.

3 —

Récupérez dans un sachet en papier kraft, une enveloppe papier ou un filtre à café les graines destinées aux semis du printemps prochain. Inscrivez le nom de la plante et la date de récolte au stylo. Conservez-les au sec et au frais – et à l'abri des petits rongeurs qui en sont friands. Elles conserveront leur capacité germinative pendant 3 ans. Les graines de toutes les espèces de la famille des Apiacées (panais, carottes, coriandre, etc.) se récupèrent de la même façon.

SEPTEMBRE

RÉCOLTER LES GRAINES DE BASILIC

Le basilic est une aromatique herbacée à forte saveur suave et balsamique. Il se porte mal sous 12 °C. Attendez les premières chaleurs de la deuxième partie de juin pour l'installer au jardin dans un endroit ensoleillé et abrité des vents.

1 —

Maintenez en place les jeunes pousses florales afin de laisser votre basilic monter à fleurs. Assez discrètes, ces dernières apparaissent à l'aisselle des feuilles et s'épanouissent en longues inflorescences blanches regroupées en épis. Elles évoluent en fin d'été en petites capsules fructifères. Dès brunissement des épis, prélevez les hampes munies de leurs fruits avec un ciseau ou un sécateur. Pour éviter les risques d'interhybridation, ne laissez monter à fleurs qu'une seule variété.

2 —

Débarrassez à la main les épis de leurs fruits et déposez-les sur une feuille de papier ou dans une soucoupe. Entreposez-les dans un endroit aéré et lumineux – mais pas en plein soleil – pour leur permettre de poursuivre leur dessiccation. Pour faciliter le dessèchement, remuez-les de temps en temps du bout des doigts. En frottant vigoureusement les fruits entre vos paumes, les graines se séparent naturellement de leur enveloppe ovoïde à texture verruqueuse.

3 —

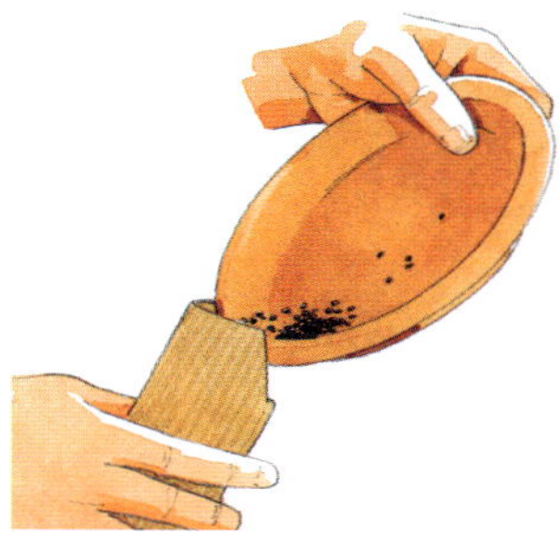

Séparez les graines couleur anthracite de leurs enveloppes racornies à l'aide d'une petite trémie ou d'un égouttoir. Conservez-les dans un sachet en papier kraft, une enveloppe papier ou un filtre à café. Pour éviter les confusions, notez au stylo le nom de la variété et l'année de prélèvement. Comptez environ 800 graines pour un gramme de semence. Comme le basilic possède une longue durée germinative – 8 ans au bas mot –, il est inutile d'en récupérer les graines tous les ans.

SEPTEMBRE

SEMER LES ÉPINARDS EN LIGNE SOUS COUVERTURE

L'épinard n'aime pas les fortes chaleurs, mais une fois développé, supporte le froid même intense. Comme il se développe mieux en jours courts – de septembre à avril –, échelonnez les semis de l'automne au printemps. Sa germination devient très délicate au-delà de 30 °C.

1 —

Implantez les épinards dans un endroit lumineux et dégagé de votre potager. Attendez les premières pluies d'automne pour déposer la graine dans un sol humifère, frais et bien drainé. Écartez la litière étalée en juin et incomplètement décomposée (celle épandue en automne de l'année dernière est maintenant entièrement décomposée). Faites apparaître la terre nue sur environ 40 cm de large et sur toute la longueur du futur rang de semis. La germination optimum des épinards se situe entre 15 et 20 °C.

2 —

Glissez la panne d'une serfouette le long de la surface découverte pour ouvrir 1 ou 2 sillons parallèles peu profonds (pas plus de 2 cm). Si la terre vous paraît lourde ou compactée, aérez le fond des sillons avec la fourche de cette même serfouette pour faciliter le développement des futures racines. Déposez les graines dans les sillons en les espaçant de 2 cm environ. Recouvrez-les de terre et tassez le sol au pied ou avec le dos du râteau. Arrosez tout de suite en pluie.

3 —

Attendez que le sol sèche en surface – septembre marque le retour des limaces – et recouvrez les sillons avec la matière organique de la litière écartée au préalable. La graine d'épinard n'est pas très rapide à lever – comptez 8 à 10 jours entre 12 et 15 °C. Pour permettre une meilleure croissance, éclaircissez les jeunes plantes à 8 ou 10 cm quand elles développent 3 à 4 feuilles. Plusieurs semis peuvent se succéder entre l'automne et le printemps et, selon l'époque de semis, les récoltes s'échelonneront d'octobre à mai.

PLANTER LES PÉ-TSAÏ EN MINI-MOTTES SOUS COUVERTURE

Les choux asiatiques qui se cueillent à l'état de petite rosette comme le pak choï, le komatsuna, le tatsoï, le kai-lan ou le mizuna sont semés directement en place. Ceux qui se récoltent en pomme comme le pé-tsaï se sèment en plaque de culture et se repiquent en mini-motte.

1 —

L'intersaison automnale est la meilleure époque pour cultiver les choux asiatiques qui requièrent une période chaude pour germer mais préfèrent une ambiance plus fraîche pour croître et se développer. Installez-les dans un endroit dégagé et à exposition ensoleillée. Écartez la litière étalée en juin et en partie décomposée pour faire apparaître la terre à nue qui, recouverte tout l'été, a pris la texture souple, fraîche et aérée qu'apprécient ces cousins botaniques des navets.

2 —

Plantez le jeune chou en mini-motte avec une pelle à transplanter en les espaçant de 30 cm tant sur le rang qu'entre les rangs. Manipulez délicatement les petites mottes qui sont peu compactes et fragiles du fait des fines racines pivotantes et filandreuses de l'espèce. L'arrosage est modéré et même nul, sauf si l'automne est particulièrement sec. Les choux asiatiques nécessitent alors des apports d'eau sinon copieux du moins réguliers.

3 —

Les choux asiatiques sont sensibles aux limaces. Attendez que la terre sèche en surface pour ramener jusqu'au pied de la plante la couverture écartée au préalable.
Le développement de la pomme au délicat goût de chicorée, de navet et de chou pommé est rapide tant que les températures diurnes se maintiennent au-dessus de 10 °C. Avec une protection rudimentaire vous pourrez poursuivre les récoltes jusqu'au cœur de l'hiver.

SEPTEMBRE

RÉALISER UN COMPOST EN SURFACE

Le compostage en surface est moins populaire que le compostage en tas. Pourtant, naturel et facile à mettre en œuvre, il permet de restituer rapidement et efficacement au sol les matières organiques issues du jardin tout en produisant un humus de qualité.

1 —

Un sol couvert en permanence s'enrichit d'une population microbienne importante et diversifiée. Son action est permanente entre 8 et 10 °C et jusqu'à 30 °C et au-delà. Déposez directement aux pieds des plantes les diverses épluchures et déchets de cuisine incomplètement décomposés. Lieu d'une intense activité biologique, la couche organique se décompose rapidement. En été, l'évolution d'une matière organique cellulosique fraîche directement posée en surface nécessite moins de 4 semaines.

2 —

Les tontes de gazon fraîches déposées sur le sol en fines couches évoluent très rapidement. Une première prolifération microbienne assurera une transformation rapide des herbes qui disparaîtront totalement en quelques semaines. Ne les épandez pas en litière trop épaisse pour permettre une évolution rapide en présence d'oxygène. Posées en couches trop épaisses – au-delà ce 3 cm – leur décompos tion prend plus de temps, se fait mal et émet une désagréable odeur de vase.

3 —

Ne laissez pas se perdre les feuilles mortes de l'automne. Quoique « morte », cette matière organique déposée sur le sol en entrée d'hiver évolue rapidement pour, dès le printemps, mettre à disposition des plantes cultivées une partie des substances nutritives qu'elle contient. Une autre partie est stockée en réserve sous forme d'humus et mis à disposition des légumes et des aromates par la microflore composant leur rhizosphère, lentement certes, mais régulièrement.

SEPTEMBRE

SEMER UN ENGRAIS VERT D'AUTOMNE

Les engrais verts d'automne évitent de laisser la terre à nue pendant la mauvaise saison. Ils limitent efficacement le lessivage des substances nutritives présentes dans le sol, en particulier celui des matières azotés entraînées en hiver par les infiltrations d'eau de pluie.

1 —

Nettoyez le terrain du reliquat des anciennes cultures et, le cas échéant, de la litière épandue en juin et en partie décomposée. Déposez le tout sur le tas de compost ou compostez-les en surface sur une parcelle destinée à ne pas être ensemencée. Aérez grossièrement la terre à l'aérabêche, puis griffez afin de la niveler. Il est inutile d'affiner le travail du sol car les Brassicacées d'automne utilisées en engrais verts germent et poussent même sur une terre raisonnablement motteuse.

2 —

Épandez à la volée des graines de moutarde blanche ou jaune, de colza ou de la navette. Pour 100 m^2, utilisez 200 g de graines. La levée des graines débute à 7 °C et la croissance se poursuit au-delà de 5 °C. Déposez les graines de façon régulière, sans trop les resserrer car leur germination est toujours uniforme. Pour homogénéiser l'épandage, divisez par 2 la quantité de graines à épandre mais procédez à 2 passages croisés à 90 °.

3 —

Griffez superficiellement le sol pour incorporer légèrement la graine et tassez avec le dos du râteau ou au rouleau. Si la rapidité de germination est largement influencée par la température, elle est généralement rapide et intervient moins de 8 jours après le semis. Les semis tardifs sont souvent détruits par les gelées noires de janvier et février. Sinon, maintenez la culture en place au plus tard jusqu'à la floraison, mais fauchez avant le début de la formation des graines.

OCTOBRE

RÉCOLTER LES GRAINES DE TOMATES

Toutes les graines de tomates – comme celles des aubergines et des poivrons – se récoltent de la même façon. Mais, pour des raisons propres aux lois de la génétique mendélienne, les graines des variétés hybrides F1 ne conservent pas leurs caractéristiques d'origine.

1 —

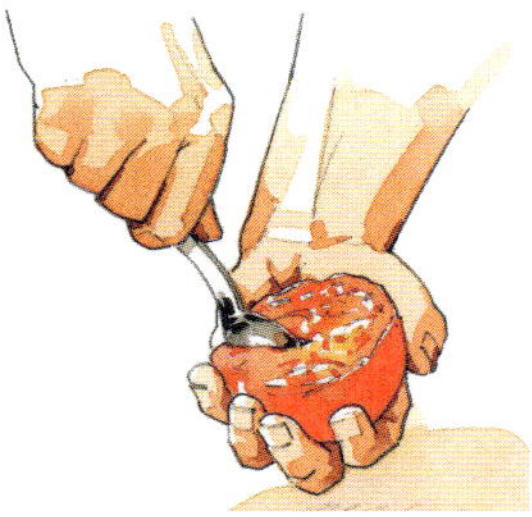

Les risques d'interhybridation sur la tomate – et donc de perte des caractéristiques variétales – sont très faibles car la tomate est essentiellement autogame (chaque fleur se féconde elle-même avant même son total épanouissement). Récoltez les fruits sur la variété à pérenniser, en les choisissant bien mûrs – au-delà du stade de comestibilité. Au besoin, rentrez-les à l'abri pour achever leur maturité. Coupez-les en deux et prélevez la pulpe et les graines à l'aide d'une petite cuillère.

2 —

Déposez les graines au fond d'une assiette ou d'une soucoupe en éliminant le maximum de pulpe. Écrasez la chair et récupérez le tout – pulpe, jus et graines – dans un verre. Afin d'éviter les confusions ultérieures, veillez à l'étiquetage. Laissez reposer 36 à 48 heures à une température ambiante de 25/30 °C. Commencez la récupération des graines dès l'apparition en surface des premiers points de moisissures.

3 —

Versez la pulpe, le jus et les graines dans une passoire fine. Lavez à grande eau pour éliminer la chair et ne conserver que les graines. Récupérées, ces dernières sont mises à sécher sur un papier absorbant, à faible luminosité, mais à température assez élevée (18 à 20 °C). Une fois sèches – comptez une semaine –, déposez-les dans un sachet de papier kraft et maintenez-les au frais et à l'abri de l'humidité. Les graines de tomates conservent leur potentiel germinatif durant 3 à 6 ans.

PLANTER ET PAILLER UNE HAIE FRUITIÈRE

Une trop grande pauvreté spécifique et variétale fragilise les arbres et arbustes fruitiers. Diversifiez votre haie fruitière en mélangeant des arbres fruitiers à pépins et à noyaux, complétés de place en place par des groseilliers, des noisetiers et des amélanchiers.

1 —

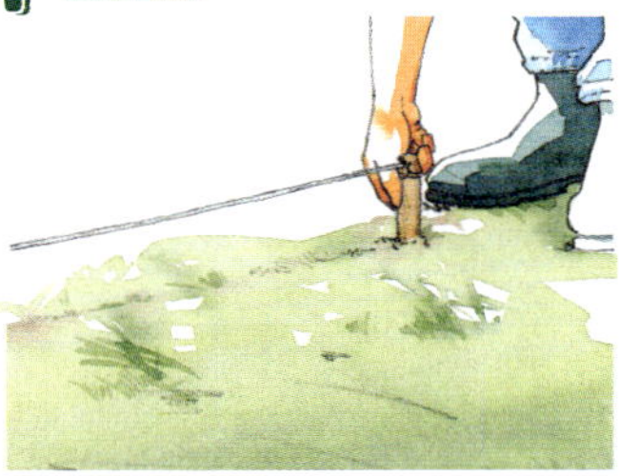

Une haie fruitière à haute biodiversité s'élève à terme à plus de 2 m. Implantez-la au moins à 2 m de votre limite de propriété. Débarrassez la rangée de plantation de tout ce qui l'encombre – grosses pierres, branches mortes et jeunes repousses – sur toute sa longueur et sur une largeur de 1 m au-moins. Aérez la terre à l'aérabêche et, si votre sol est de très mauvaise qualité, épandez une épaisse couche de compost bien décomposé sur la totalité de la surface. Matérialisez la ligne de plantation avec un cordeau.

2 —

Débutez la plantation à un bout de la rangée en creusant un premier trou d'un volume légèrement supérieur à celui des racines de l'arbre à planter. Avec la terre du second trou de plantation, recouvrez les racines du premier arbre et ainsi de suite. Plantez des arbres jeunes, scions ou touffes de 2 ans. Pour définir l'écartement entre 2 espèces, additionnez l'encombrement à terme des 2 plantes et divisez la somme obtenue par 2.

3 —

Ne taillez pas les arbres fruitiers à pépins et les arbustes fruitiers à petits fruits, mais rabattez les arbres fruitiers à noyaux du tiers de leur hauteur afin de permettre un départ en végétation vigoureux. Arrosez tout de suite pour faire adhérer intimement la terre et les racines. Étalez en surface une litière de BFR (Bois Raméal Fragmenté) sur une épaisseur de 25 cm environ. Ce broyat de jeunes rameaux frais de feuillus demandera à être renouvelé tous les ans.

CREUSER UN SILO

Le silo potager est une cavité peu profonde creusée dans le sol et tapissée de paille. Il permet d'abriter pendant la mauvaise saison tous les légumes-racines qui ne peuvent se maintenir au potager du fait de leur sensibilité au froid.

1 —

L'humidité est le grand ennemi de la conservation en silo. Installez-le dans une terre non argileuse et très filtrante, en pleine terre ou sous une grande serre-tunnel. Creusez un carré d'environ 80 cm de côté et 60 cm de profondeur. Une fois creusé, le fond du trou devra rester sec, sans trace d'eau d'infiltration. De même, aucune galerie de rongeurs souterrains ne devra marquer les parois. Le cas échéant, posez une poche avec un grillage à fine mailles en faisant débordez les rebords supérieurs d'une dizaine de centimètres.

2 —

Aérez le fond du silo à l'aérabêche et tapissez le trou avec 15 à 20 cm de paille sèche. Tassez et faites-la remonter sur les parois jusqu'à la partie supérieure du silo. Vous pouvez alors y entreposer les navets, les céleris-raves, les carottes et les betteraves rouges, voire les pommes de terre. Si la quantité des racines à conserver est importante, aménagez 2 silos de taille raisonnable plutôt qu'un silo trop volumineux. N'ensilez que des légumes parfaitement secs.

3 —

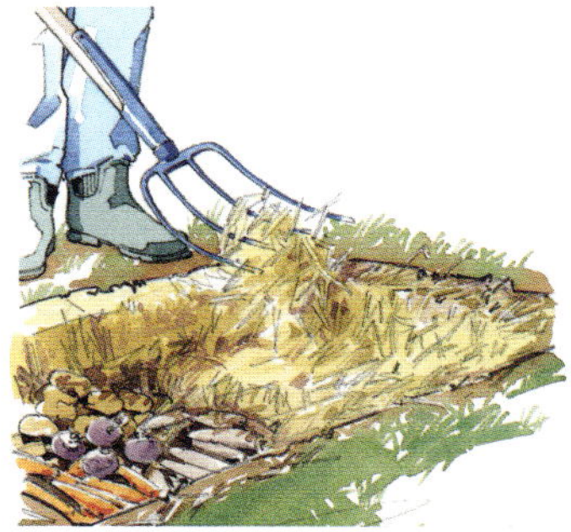

Étalez un nouveau lit de paille afin de garantir du froid vos légumes abrités après éventuel pose d'un grillage à mailles fines sur les légumes-racines entreposés. Recouvrez le tout avec une plaque imperméable en tôle ou polypropylène afin de préserver votre silo de la pluie. Cette ultime protection devra largement déborder la surface de l'abri. Le prélèvement des légumes se pratique au fur et à mesure des besoins. Veiller à replacer les protections – grillage, paille et couverture étanche – après chaque prélèvement.

OCTOBRE

CONSERVER LES BETTERAVES ROUGES EN SILO

Tendres et sucrées, les racines de betteraves rouges se ramassent au fur et à mesure des besoins à partir de fin juin. Les variétés d'hiver s'arrachent avant les grands froids et se conservent à l'abri des gelées.

1 —

Les derniers semis de betteraves rouges de juin et juillet sont destinés à la conservation hivernale. Arrachez les racines avant les premières chutes brutales de températures – les premières gelées blanches d'automne les incommodent peu. Profitez d'une belle journée d'automne pour les sortir de terre à la fourche-bêche ou à l'aérabêche. Soignez votre arrachage car, sans être spécialement délicates, les racines blessées ou entaillées sont fragilisées et se conservent moins bien.

2 —

Otez grossièrement à la main la terre qui recouvre les racines et arrachez le feuillage par simple torsion ou sectionnez-le à hauteur du collet avec un sécateur ou une serpette. Laissez-les sécher sur le sol pendant quelques heures. Pendant ce temps, creusez dans un endroit sec et abrité du jardin un silo proportionné au volume de betteraves rouges arrachées. Tapissez-le de paille sèche au fond et sur les parois pour constituer une sorte de nid géant.

3 —

Déposez les racines de betteraves rouges dans le silo en évitant de les entrechoquer car les meurtrissures sont souvent le point de départ de nécroses et de pourrissement. Si le volume du silo est important, aménagez en son centre une cheminée d'aération au moyen d'un fagot de branchage à la verticale pour limiter la condensation. Posez sur les betteraves ensilées un fin grillage, une nouvelle couche de paille et, enfin, une plaque imperméable.

OCTOBRE

ÉPANDRE LES FUMIERS D'AUTOMNE

Composées de paille et d'excréments d'animaux, les litières d'écurie ou d'étable sont à la fois riche en lignine, en cellulose et en azote. Cette composition équilibrée font d'elles des matières organiques de premier choix. Épandez-les à l'état frais et pailleux ou compostées.

1 —

Les fumiers sont profitables à tous les jardins, indépendamment de la texture et de la structure de leur sol. Mais les terres légères et sableuses ou, au contraire, lourdes et argileuses, comme les sols très calcaires, les apprécient particulièrement. Inutile d'enlever les anciens paillis épandus et juin et encore incomplètement décomposés. Débarrassez néanmoins la parcelle des pousses d'herbes indésirables ou des éventuels résidus d'anciennes cultures qui l'encombre.

2 —

Les fumiers peuvent se poser directement en surface, sans le moindre travail du sol. Il est cependant préférable d'aérer grossièrement le sol à l'aérabêche avant l'épandage. en particulier si votre terre reste très compacte. En facilitant le déplacement et le travail des vers de terre – mais aussi ceux des divers micro-organismes malaxeurs –, cette aération préalable accélère l'intégration progressive du fumier à la terre en place.

3 —

Déposez le fumier sur les parcelles libérées. Mettez-le en tas ou épandez-le de façon homogène sur une épaisseur de 15 à 20 cm, sans le tasser. Prévoyez au minimum 40 à 50 kg de fumier pour 10 m². Si vous en disposez en grandes quantités, ne l'économisez pas ! Au bout de quelques mois, les éléments pailleux du fumier se sont dissociés, et, au moment des mises en culture printanières, il ne restera qu'une couverture organique compacte de couleur plus ou moins brune.

FAIRE SON BOIS

Un grand terrain fait la part belle aux espaces naturels. Laissez croître en périphérie un petit boqueteau qui vous permettra de prélever tous les hivers le bois nécessaire pour profiler vos buttes et murets de soutènement, mais aussi pour vous chauffer.

1 —

Privilégiez les essences à bois durs tels que le chêne, le charme ou le hêtre (les résineux tels que l'épicéa ou le sapin sont de mauvais bois de chauffage). Pas de coupe rase évidemment ! Avant d'abattre le bois nécessaire, sélectionnez les sujets à conserver. Les grands arbres ne sont abattus que s'ils gênent ou s'il se révélaient dangereux du fait de leur grand âge. Coupez les baliveaux avec une tronçonneuse directement au niveau du sol, sans maintenir en place de moignon disgracieux.

2 —

Dans un premier temps, coupez-les en tronçons de 1 m de long afin de les manipuler aisément. Tronçonnez-les ensuite en bûches régulières à la scie à ruban, à la scie circulaire, à la scie à main ou à la tronçonneuse, en vous aidant le cas échéant d'un chevalet. Coupez-les à une longueur légèrement inférieure au foyer de votre chaudière ou de votre poêle à bois. Sectionnées selon le cas à 25, 30 ou 50 cm, vos bûches seront également plus faciles à fendre et à ranger sous votre abri-bois.

3 —

Fendez vos bûches à la hache avant de les entreposer à l'abri des pluies. Ne brûlez pas de bois vert ou humide car son rendement calorique est faible et il risque d'encrasser votre appareil de chauffage. Laissez-le reposer 2 ou 3 ans dans un abri ventilé, couvert sur le dessus mais ouvert sur le côté (ce qui facilitera le prélèvement le moment venu). Coupez votre bois de chauffage chaque hiver mais assurez les rotations nécessaires pour lui permettre d'optimiser ses qualités thermiques.

OCTOBRE

INSTALLER UNE PLATE-BANDE SURÉLEVÉE

En délimitant vos espaces de culture en parcelles surélevées, vous faciliterez la mise en culture des sols lourds et trop compacts ou, au contraire, sableux ou très caillouteux. Prévoyez entre deux plates-bandes une allée de la largeur du carter de votre tondeuse afin d'en faciliter l'entretien.

1 —

Tondez le terrain destiné à être couvert par la plate-bande surélevée avec une tondeuse réglée en position basse. Posez les planches de pourtour sans dépasser 1,20 m pour la largeur de la plate-bande. Leur longueur est indifférente et généralement définie par la configuration du terrain. Utilisez des planches non rabotées en sapin de 4 m de long, épaisses de 27 mm et larges de 20, 25 ou 30,5 cm. Peu onéreuses, ces planches de coffrage sont en outre disponibles dans tous les magasins de bricolage.

2 —

Une fois le cadre en bois posé, aérez le sol à l'aéra-bêche sur toute la surface de la plate-bande afin de permettre une transition douce entre le sol d'origine et le substrat organique déposé dans le coffre en bois. Éliminez au besoin les grosses pierres et les anciennes racines d'arbres ou d'arbustes. Si l'aération du sol doit être pratiquée avec soin, il est inutile de débarrasser la future parcelle surélevée de la partie aérienne et des racines de mauvaises herbes.

3 —

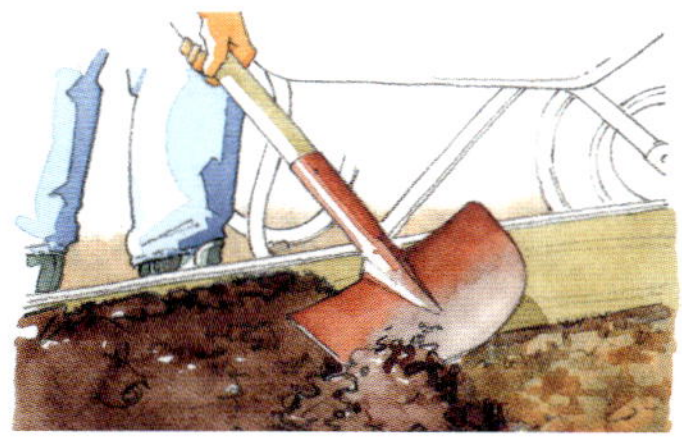

Épandez en surface une vingtaine de centimètres de compost ou de fumier composté, éventuellement de terre de jardin mélangée pour moitié de compost bien décomposé. Nivelez la matière organique épandue qui doit atteindre les rebords supérieurs des planches de pourtour. En implantant votre parcelle surélevée en automne, le substrat rapporté se sera tassé de moitié au moment des mises en culture. La couverture organique de juin et surtout celle de l'automne suivant lui permettra de retrouver le niveau originel.

PLANTER UN ARBRE À RACINES NUES

Plantez de préférence vos arbres en racines nues. Leur enracinement – et donc leur croissance ultérieure – sera meilleure que celle des arbres plantés en conteneur. Intervenez entre novembre et mars, après la chute des feuilles d'automne mais avant le départ printanier de la végétation.

1 —

Creusez un trou de plantation plus large que profond. Comptez 40 cm de côté et 30 cm de profondeur. Dans les très mauvaises terres, élargissez-le jusqu'à 1 m de côté et 80 cm de profondeur. Plantez au centre un tuteur de la hauteur du tronc de l'arbre à planter, augmentée de la profondeur du trou de plantation. Ameublissez le fond du trou et comblez-le avec un mélange de terre d'origine et de compost bien décomposé.

2 —

Ouvrez au pied du tuteur un trou de plantation de la taille des racines. Coupez au sécateur les racines trop longues ou abîmées. Taillez la couronne en conservant 5 à 7 branches intactes (aucune taille aérienne n'est nécessaire si vous optez pour une plantation de jeunes scions). Une première taille restreinte facilite un équilibre rapide entre la vigueur (départ à bois) et la fertilité (apparition des fruits).

3 —

Positionnez l'arbre au plus près du tuteur et recouvrez ses racines avec une terre finement émiettée. Veillez à maintenir le bourrelet de greffe au-dessus du niveau du sol et aménagez au pied de l'arbre une large cuvette. Arrosez copieusement de façon à lier étroitement terre et racines. Quelques jours plus tard, une fois la terre rassise, liez l'arbre au tuteur avec deux attaches posées en 8. Ne resserrez pas trop vigoureusement les liens autour du tronc.

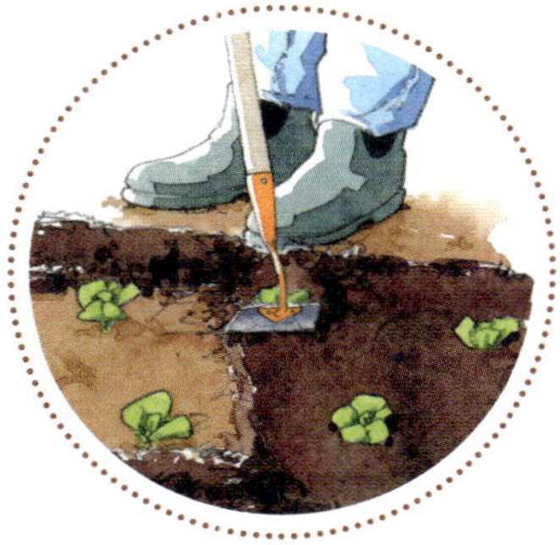

CRÉDITS ICONOGRAPHIQUES

Toutes les illustrations sont de Michel Loppé.

Photographies Rustica : p.6 : Christian Hochet ; p.8 : B&G ; p.11 : Christian Hochet ; p.12 : Frédéric Marre ; p.15 : Alexandre Petzold ; p.16 : Frédéric Marre ; p.21 : B&G ; p.22 : Frédéric Marre ; p.25 : Eric Brenckle ; p.27 : Frédéric Marre ; p.28 : Alexandre Petzold.

Direction : Guillaume Pô
Direction éditoriale : Élisabeth Pegeon
Édition : Chloé Herbin
Direction artistique et mise en pages : Éditédito
Direction de fabrication : Thierry Dubus
Fabrication : Axelle Hosten
Photogravure : SNO

Achevé d'imprimer en février 2020 par Sepec - 10435200130
Z.A des Bruyères, 01960 Péronnas, France
N° d'édition : R20073-05
Cet ouvrage est imprimé sur du papier PEFC™ grâce à des encres végétales, garantissant la démarche de développement durable de l'éditeur et de l'imprimeur. »